U0690187

左手教学，右手科研

金培忠名师工作室课题成果集

//////// 金培忠　汪福义 ◎ 主编 //

中国出版集团　　现代出版社

图书在版编目(CIP)数据

左手教学，右手科研：金培忠名师工作室课题成果
集 / 金培忠，汪福义主编. — 北京：现代出版社，2021.5

ISBN 978-7-5143-9224-1

Ⅰ.①左… Ⅱ.①金… ②汪… Ⅲ.①中学语文课—
教学研究—初中 Ⅳ.①G633.302

中国版本图书馆CIP数据核字（2021）第084456号

左手教学，右手科研：金培忠名师工作室课题成果集

作　　者　金培忠　汪福义

责任编辑　袁　涛

出版发行　现代出版社

地　　址　北京市安定门外安华里504号

邮政编码　100011

电　　话　010-64267325　64245264

网　　址　www.1980xd.com

电子邮箱　xiandai@cnpitc.com.cn

印　　制　北京政采印刷服务有限公司

开　　本　710mm×1000mm　1/16

印　　张　11.5

字　　数　184千

版　　次　2021年5月第1版　　2021年5月第1次印刷

书　　号　ISBN 978-7-5143-9224-1

定　　价　45.00元

编 委 会

特别鸣谢珠海市金海岸中学王学兵校长对工作室工作的大力支持

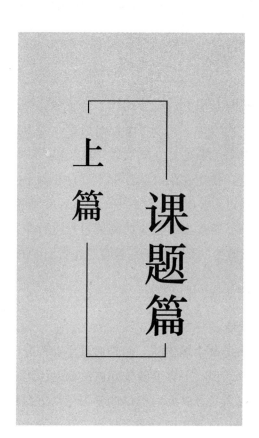

上篇　课题篇

语文课堂自学策略研究

珠海市金海岸中学　金培忠

当前中学生阅读自学能力的发展现状不容乐观。有人忧心忡忡地指出："在语文教学的几项内容中，阅读教学耗时最多，用力最大，收获最小，学生最不感兴趣，教师最无所适从。阅读教学已经陷入困境，举步维艰。"笔者在教学实践中发现，学生在语文阅读中主要存在以下问题：①课前预习习惯不好；②上课注意力不够集中、没兴趣；③课后反馈情况不佳。

要改变这种局面，首先要对学生的阅读过程进行深入的研究。加强阅读研究并探索提高阅读效率的途径是摆在教育工作者面前的一个重要课题。

一、理论依据

1. 建构主义教学论

人的认识不应该是被动接受的，而是通过主动探究、深入思考构建起来的。中学生为了掌握知识，一方面要依靠各种认知因素（感知、记忆、思维等）参与学习活动；另一方面要对自己的学习活动进行积极的反思，这种对自己认知过程的计划、监测、调控能力就是元认知技术。中学语文阅读技术的培养是元认知理论指导下的养成教育，指的是阅读反思习惯和调节习惯的养成。

2. 布鲁纳理论

美国教育心理学家、认知心理学家布鲁纳曾说："认知是一个过程，而不是结果……教一个人某门学科，不是要他把一些结果记下来，而是教他参与不只是建立起来的过程。"最有效的学习过程就应该是学生不依赖老师的讲解分析原因与结果，而是自己反复深入地阅读、思考，找出矛盾的根源所在，亲身参与把问题弄懂、把知识建构起来的过程。让学生学会不迷信标准答案，凡事经过自己的头脑去思考，然后再做出判断，培养学生的高阶思维能力，久而久之，学生的思维得到发展，自学能力就形成了。

3. 认知心理学理论

认知心理学认为：阅读是读者从书面材料中获取信息并影响读者的非智力因素的过程。认知心理学家对阅读的过程也有不同的认识，进而提出了不同的阅读过程模式。阿斯廷（美国学者亚历山大·阿斯廷）的思维卷入理论将阅读理解问题分为事实、推理、评价（主旨）三种类型。具体来说，事实问题主要包括主导性观点和事实（如作者所强调的主流观点、事件、原理、现象等），关键性细节（如人物、事件、时间、地点、数据或者具体的原因、结果、条件、方式等），相似、相反、对比性观点和事实，易混淆的观点和事实（如列举出多个数据、人物、具体物件，阐述多个不同人群、流派对某一问题的观点及态度等）。推理问题主要包括根据语境确定某一生词的含义，推断隐含的观点以及对整篇文章、一个段落或者一个话题的概括。评价（主旨）问题主要包括主题思想的观点（如文章的主题思想、文章的目的、文章主要讨论的话题、文章的题目等）、文章的整体风格以及作者的态度和语气等。课堂操作主要包括提问、评价、质疑。质疑为最高能力，教师要鼓励学生质疑，告诉学生：人类思想的所有进步都是由质疑开始的。

二、策略举要

（一）"预习提问单"引导下的自我提问

以文言文自学为例，包括自读、自译、自品、自悟等环节。

1. 以《记承天寺夜游》为例的"预习提问单"

（1）"寻张怀民"中"寻"字用得好，为什么？

（2）文章结尾流露出作者怎样的情绪？

（3）"何夜无月？何处无竹柏？"显然不符合实际，并非每夜都有月、每处都有竹柏，这句话怎么理解？

（4）夜游的过程中，作者的心情有怎样的变化？

（5）为什么要在晚上游承天寺？

（6）"积水空明"是写水吗？

（7）"庭下如积水空明，水中藻、荇交横，盖竹柏影也"怎么理解？

（8）为什么作者找张怀民而不找其他人？

（9）为什么作者要重点写月，而不是星星、太阳或白云等？

（10）"解衣欲睡"缺少主语吗？

2. 问题的归类

（1）关于"提问"

① 文章结尾流露出作者怎样的情绪？

② 夜游的过程中，作者的心情有怎样的变化？

③ 为什么要在晚上游承天寺？

④ 为什么作者找张怀民而不找其他人？

⑤ 为什么作者要重点写月，而不是星星、太阳或白云等？

（2）关于"评价"

① "寻张怀民"中"寻"字用得好，为什么？

② "积水空明"是写水吗？

③ "庭下如积水空明，水中藻、荇交横，盖竹柏影也"怎么理解？

（3）关于"质疑"

"何夜无月？何处无竹柏？"显然不符合实际，并非每夜都有月、每处都有竹柏，这句话怎么理解？

3. 教师引导

学生能从课文的整体篇章出发进行思考，对游承天寺的时间、人物的选择、作者的心情变化、关键字句的理解、修辞的运用、文章主旨的表达都有自己的思考，尤其是"质疑"的问题，体现出学生思维的深度，有较高的价值。

进一步启发：

（1）能否在朗读中体会作者的情感？

（2）重点字词是否落实？

（3）"庭下如积水空明，水中藻、荇交横，盖竹柏影也"运用了什么手法？营造了怎样的意境？体现了作者怎样的心境？

4. 形成课例

（1）自学目标

① 积累重要词句，理解课文内容。

② 品析写景句，体会意境。

③ 感悟文中丰富微妙的思想感情，学习作者旷达、乐观、从容的心态。

（2）自学过程

自读、自译：

①读：读出精彩。自由式朗读，谈朗读体会。

②译：译得精当。选择自己认为重要的字词加以理解，自主翻译自己认为重要的句子。

重点字词：户、欣然、念、遂、相与、空明、盖、但。

重点句子：庭下如积水空明，水中藻、荇交横，盖竹柏影也。

自品："庭下如积水空明，水中藻、荇交横，盖竹柏影也"，"不着一字，尽得风流"，苏轼用他的生花妙笔点染出一幅空明澄澈、疏影摇曳、亦真亦幻的月夜图。

自悟：①我能找出表现作者心情的词句。②我能借助资料体悟作者的心境。

教师布置作业：你想对苏轼说点什么，或者你从他身上学到了什么？

5. 重点突破，引导自学自品

借助资料体会作者的三种心境。

明确：①欣然（欣喜、愉快）。②无与（没有）。③闲人（清闲的人）。

资料助读：

此文写于作者被贬官黄州期间。北宋神宗年间，苏轼反对新法，并在自己的诗文中表露了对新政的不满。苏辙曾说："东坡何罪？独以名太高。"在神宗的默许下，苏轼被抓，一关就是四个月。由于宋朝有不杀士大夫的惯例，苏轼免于一死，但被贬为黄州团练。

他很疲倦，他很狼狈，出汴梁、过河南、渡淮河、进湖北、抵黄州，萧条的黄州没有给他预备任何住所，他只得在一所寺庙中住下。他擦一把脸，喘一口气，四周一片静寂，连一个朋友也没有，他闭上眼睛摇了摇头。

——余秋雨《苏东坡突围》

平生亲友，无一字见及苏东坡。

——苏东坡写给李端叔的信

"无与"一词让我们看到了苏轼孤独寂寞的心灵。

课下注释说，"闲人"是指清闲的人。因为清闲，所以他们才能悠闲地在庭中散步；因为清闲，所以作者才因为月色的美丽而感到欣喜。在这样的境遇下，苏轼能悠闲赏美景，妙笔画月色，实在是豁达乐观。

资料助读：

链接微视频：苏东坡生平。

（幻灯）

贬官黄州："回首向来萧瑟处，归去，也无风雨也无晴。"

贬官惠州："日啖荔枝三百颗，不辞长作岭南人。"

贬官琼州："抒说先生睡未足，着人休撞五更钟。"

贬官海南："九死南荒吾不恨，兹游奇绝冠平生。"

只有摆脱杂念的缠绕，胸襟旷达，才能领悟这风清月白的自然之景，才能交融在这表里澄澈的透明世界之中。

（二）"预习提问单"引导下的自学策略

1. 批注式阅读法

（1）批注式阅读指阅读时在文中空白处对文章加批语和注解。批注直入文本，是阅读者自身感受的笔录，体现阅读者别样的眼光和情怀，作用是帮助阅读者掌握书中的内容。

学生结合"预习提问单"，在原文中做上标记符号，在文章的空白处有针对性地写上批注，帮助理解课文。批注主要有旁批、注释、阅读提示、读读写写、补白。旁批随文设置，内容丰富，形式多样，或针对课文的关键之处、文笔精华以及写作技法做精要点评，或以问题的形式呈现，启发思考。旁批力避结论的直接呈现，强调启发性和引导性。

学生是学习的主人。语文教学应注重培养学生自主学习的意识和习惯。如能坚持运用批注式阅读法读书，可以养成认真读书、深入思考的良好习惯，这是让学生受益终身的好习惯。尽管阅读是学生的个性化行为，但在学生自主批注阅读的教学过程中，为防止学生的自主阅读走入自由化误区，实验教师要引导学生对文本的炼字炼句、表达技巧、思想价值等进行品评。

遵循学生的身心发展与知识习得规律，关注学生的差异，给足时间让学生自行探究、感悟。学生爱批注哪个词句就批注哪个词句，爱写多少字就写多少字，有很大的自主权。不管阅读水平如何，只要真正去阅读，一定会有自己的发现。学生会睁大双眼在其中捕捉体悟，会开动脑筋边读边评价。这样，每个学生都开动脑筋，自主地、专注地与文本对话，与作者对话，或用优美的文字表达自己的喜爱，或用率真的语言提出自己的疑问，或用凝重的语句标注自己的思考。

（2）以《窃读记》为例的批注评点法自学。

以"预习提问单"引导学生的自读策略。

让学生在提问单的引导下，根据《窃读记》的文体特点，结合文后的"阅读提示"自学。例如，"我的提问"就提示："我能找出文章富有悬念的地方吗？我能找出文中的插叙部分吗？我能找出文中富有起伏的地方吗？""我的共鸣"："我在写作中是否也可运用类似的方法。""我的反馈"中重点引导："我能不能写作类似的故事？"通过"预习提问单"的引导，学生基本把握了故事情节，在此基础上，学生运用批注式阅读法，边读边思考边写。

在课文的开头，学生读并思考，批注："我"到底想干什么？（原来是设置悬念）悬念就是设置悬而未决的矛盾，引起读者的关注。巧设悬念，能使文章曲折生动、起伏跌宕、引人入胜。

文章中"曾经有一次，我偶然经过书店的窗前……"的插叙部分，有学生批注：此处运用了插叙，插叙有时是帮助读者了解故事情节的追叙，有时是对出场人物、情节的注释、说明。使用插叙一定要服从表达中心思想的需要，做到不节外生枝，不喧宾夺主。加上插叙，可使行文起伏多变。

"我庆幸它居然没有被卖出去，仍四平八稳地躺在书架上，专候我的光临。我多么高兴，又多么渴望地伸手去拿，但和我的手同时抵达的，还有一只巨掌，五个手指大大地分开来，压住了那本书的整个……"有学生批注：无巧不成书，巧合是指让两个或两个以上的事物碰巧相遇或相合，使矛盾骤起或突然得到解决，从而产生文势起伏曲折的写作方法。

"我以为店员是来'招呼'我的，结果店员说'请看吧，我多留了一天没有卖。'"有学生批注：误会是通过偶然反映必然的一种构思方法。一连串的误会常把简单的情节叙述得跌宕生姿、一波三折。

在此基础上，学生们经过小组讨论，发现日常生活中也有类似的悬念、巧合、误会，学生们的兴趣被激发，纷纷发表自己的想法，如悬念：妈妈今天穿了一件新衣服，还特意弄了头发，到底是为什么呢？误会：老师径直向我走来，难道是我上课没用心听被老师发现了？难道是我的作业没做好？只听见老师说："今天，你的测试得了100分。"我高兴得一蹦老高。巧合：今天妈妈不在家，我只能去那家快餐店解决自己肚子里的油水问题，真是不是冤家不聚头，一走进餐馆，就看到小明正坐在里面，我是进呢还是不进呢？

其实生活中的误会、巧合也是很多的，只要运用得当，我们的文字就会引人入胜。

这样，在自学中边批注边讨论边写作，一种批注式读写结合的自读策略便形成。

本课收获：

多问一些"为什么"或"怎样"：已有基础和经验，兴趣、爱好和个性，解读的能力，可能的障碍。多给一些方法和习惯，让学生终身受益：圈点批注、朗读、默读、速读、精读、略读、浏览、归纳、概括、大胆发言、勤查字典词典、积累精言妙语……多给一些时间和空间让学生自己读。读、思、写、评相结合，让学生思维清晰化、条理化；读、写结合，强化指导，力求"一课一得"。

2. 朗读感悟法

（1）结合"预习提问单"，重点指导学生在读中品析、感悟，使学生能自我朗读品悟。教师可以做示范引导。"'读'是语文教学基础的基础、核心的核心，读之功能，可谓大矣。"（钱梦龙）我们完全可以做到以读代讲、以读代析、以读代赏、以读代悟，学生真正被调动起来了，投入了自己的情感，课堂就成功了。

（2）课例节选一。《孔乙己》"预习提问单"中的"结合问题找方法"：如何通过朗读品析文章？如何在朗读中感悟作品与人物的感情？如何在朗读中理解人物的思想？如何在朗读中体验人物的遭遇？如何在朗读中收获做人的真谛？……

在教师的引导下，学生深入文本，体会文章的要旨。

实录片段：

例如，在执教时引导读"你一定又偷了人家的东西了"一句。

（生读得很响，嘲讽）

师问：你为什么读那么响？

生答：这个时候整个店里的人都在嘲笑孔乙己。

师追问：哪几个词加重了这样的嘲讽语气？

（生讨论明确"又""偷"）

师继续追问：再看看，还有哪些可以看出这种冷嘲热讽？

（生齐：感叹号）

师：来，你再把这句话读读看。

（生读，略平淡）

师：这样读行不行？

生：还可以，但没有刚才响亮。

师：你知道为什么要读得够响亮吗？我们一起看看这句话，"他们又故意的高声嚷道"，这里又有一个"又"字，而且说话人已经不是"他"了，注意是"他们"，因此这句话是众多酒客一起"嚷"出来的。我们一起来嚷好不好？预备起——

（生齐读，高声，嘲讽）

师：故意的味道没有读出来，你们还要摆出点故意的味道来。"故意的"，预备起——

（生再次齐读此句，师再读，故意嘲讽味十足）

在教师的不断启发下，学生不断超越自己，获得更为丰富的阅读体验。这是用讨论读法来启发学生思考，学生在教师的不断点拨、启发、追问、补充下读得越来越精彩。

（3）课例节选二。《孙权劝学》的"预习提问单"重点结合朗读思考：如何品味人物对话的语气？如何揣摩人物的神态和心理？如何在读中体验故事情节、人物个性？如何探究文言文学习的方法？

①自我交流找方法。

A. 学法交流要求：结合"预习提问单"自由交流学习文言文的经验、方法。

B. 预习检测要求：到黑板前展示自己找出的文言文基础知识（包括文学常识、正确读音、古今异义词、一词多义、通假字、重点字词句）。

C. 我有我风采要求：共享预习中的收获，探讨预习中的疑问。

②自我朗读品人物。

A. 初读课文，分角色朗读，学生点评朗读得失。

B. 品读课文，探讨人物神态、心理，概括人物性格。

③自我反馈谈思考。

要求：从孙权的劝说艺术、吕蒙的虚心学习等角度谈自己的思考。

④自我感悟。

朗读交流中，学生提出各自的思考与发现。有的涉及对人物形象的看法；有的牵涉剪裁的处理；有的直言古今价值观的差异……只有认真品读，才会留下思考的足迹。只要学生勇于思考、勤于发问，何愁缺少学习的兴趣呢？有了探究的兴趣，自然就成为学习的主人了。

3. 互动课堂

（1）让学生结合"预习提问单"，经过思考和选择，形成自己的见解和看法，并小组讨论、整理资料，以备课堂发言。鼓励质疑，鼓励学生向老师提问和纠正老师的错误。

（2）具体策略。

① 课前布置预习，结合"预习提问单"，自我提问、自我评价、自我质疑。

② 课堂教学分为小组展示、自由发言、问题反馈三个环节，师生、生生自由交流。

（3）互动课堂是一种全方位开放的课堂教学模式。师生、生生围绕提问、评价、质疑，在完全自由的环境中交流。本节课精彩纷呈，尤其是学生能从心理学的角度提出自己的质疑，学生的阅读反馈能从人物角色入手进行评价。

4. 自读推介会

在"预习提问单"的引导下，学生尝试走出课本，走向课外的自我拓展阅读，反思自己的阅读情况，讨论阅读中的问题及应采取的策略，真正实现自学自研。

学生阅读了《茶花女》《稻草人手记》《我的大学》《红手指》《牧羊少年奇幻之旅》《苏菲的世界》《小王子》等名著，并把自己的阅读心得与同学们分享。

（三）"预习提问单"引导下的自我评价

1. 对学生从思维发展的角度进行动态互动评价

课堂阅读中的提问、评价体现为创造性思维的流畅、变通，质疑体现为独特。流畅、变通、独特分别记1、2、3分，尤其鼓励学生的质疑能力。形式：把全班学生按6~8人一组分成若干小组，注意组员层次、性别、性格方面的搭配，每组设一名组长（核心），负责本小组的组织和管理及记录本小组的讨论情况。

2. 对学生在学习过程中的每一次成功与进步进行激励性评价

评价时要善于抓住对方在回答问题的过程中所表现出来的思维、语言表达或合作意识和技巧等方面的优点，应以明确的评价给予对方及时的反馈，进一步激发学生的学习动机。分阶段进行多角度评比，如个人评比可以评出"最佳思考奖""最佳哲理奖""最佳创意奖""最具鉴赏奖"等；小组评比可以评出"综合表现最佳奖""最佳提问小组""最佳评价小组""最佳质疑小组"等。

三、成果与反思

（一）研究成果

1. 学生自我提问、自我评价、自我质疑的能力有所提高

（1）学生从提问向评价、质疑转变。

（2）学生的心理随着思维发展渐趋积极主动。

① 基本形成了适合自己的预习习惯。

② 课堂互动参与率有较大提高。

③ 探究性阅读能力有所提高。

④ 质疑向广度和深度拓展。

（3）对学生读书与写作的影响。

① 批注式阅读极大地调动了学生阅读名著的兴趣。在宽松的空间、充足的时间里，学生积极有效地参与批注阅读名著的教学活动，产生了阅读的审美愉悦，丰富了情感体验，培养了独立阅读的能力，形成了良好的阅读个性，特别是喜欢上了阅读经典名著，心智得以健全，思想能够独立，精神逐步自主。

② 互动式读书交流会的有益影响。将一些读书很有心得和成果的学生推向前台，让他们讲述对该书的理解和思考，也袒露自己读书的困惑，还必须接受同学们围绕该书的质疑，完成答辩。在这种交流活动中，所有学生的思维都处于积极活跃的状态，极大地拓展了思维空间，进一步提高了阅读质量，并极大地激发了阅读热情，使名著阅读成为一种时尚，甚至成为一种生活需要。

2. 课题对教师的影响

（1）提升了实验教师的课堂教学能力。

（2）提高了实验教师的教育科研水平。

（二）课题反思

学生的预习还依赖于"预习提问单"，因而并不能很好地把握迁移练习。实验者所期望的是把试验中所培养起来的技能运用到实际的阅读活动之中。但是，这往往是一种徒劳的期望。新的教学研究的潮流则要求阅读的元认知技能训练的情景化，重点在于让学生懂得如何学习，学会构建真正属于自己的知识及运用知识去分析和解决问题。

另外，因为是调控性预习，不能适应所有学生的个性阅读心理，学生的思维受到了一定的限制。许多学生不能通过自己的能力去弥补他们在某些技能上的缺陷。

教师的指导作用不只表现在指导学生的思维活动上，还表现在经常的反馈有助于学生保持解决问题的兴趣和积极性上，教师的反馈信息可以帮助学生少做一些毫无意义的尝试。如果我们将这种课型在形式上创新一些，思维在深度和广度上再挖掘伸展一些，这种兴趣可能就会更持久一些，当学生尝到了甜头，有了成功的体验的时候，他们的兴趣也就已经转化为能力了。

有少数学生基本上照搬资料，缺乏对资料应有的改造和形成自己的观点，对所掌握的素材进行加工的能力较低。"阅读而不深刻，你就要警惕，他们的阅读可能是'消遣性阅读''伪阅读'。"新课标对初中生阅读的要求是"对课文内容和表达有自己的心得，能提出自己的看法和疑问"，口语交际里也有"能自信、负责地表达自己的观点，做到清楚、连贯、不偏离话题"的要求。针对初中学生的思维特点，我们在提问和质疑方面再下点功夫，让他们真正养成爱思考的好习惯，那么学生肯定会提出更深刻的问题，做出更深入的思考。

（三）实验结论

"'预习提问单'引导下的有效自学研究"尊重学生的阅读个性，满足了学生的表现欲，调动了学生思维的积极性，激发了学生发现的兴奋感、自信心和学习的兴趣，思维能力得到不断发展。

在预习调控、持久激励、质疑拓展尤其是个性心理对学生思维发展的影响等方面，还有很大的实验研究空间，需要实验教师进一步探索。

注：该篇为金培忠老师主持的课题"'预习提问单'引导下的有效自学研究"结题报告（有改动）。

语文课堂导语策略研究

珠海市红旗中学　甘伟英

从年龄特点来看，初中学生好动、好奇、好表现，应采用形象生动、形式多样的教学方法和学生积极主动参与的学习方式，去激发学生的学习兴趣。在生理上，学生好动，注意力易分散，爱发表见解，希望得到老师的表扬，所以在教学中教师应抓住学生这一特点，调动学生的主动性和积极性。学生受认知结构、能力水平的限制，对事物的认识还停留在表面上，一部分学生还存在学习目的不明确、学习动力不足等问题。他们对形象生动、形式多样的学习很有兴趣，所以授课时的导入尤为重要。

本课题旨在通过精心设计导语激发学生的兴趣，使学生产生探究的欲望，唤起注意力的集中，引起情感的共鸣，更快地进入主题。另外，开展这一课题研究可以促进新教师更快成长。

一、理论依据

著名特级教师于漪老师说："课的开始，其导入语就好比提琴家上弦、歌唱家定调，第一个音定准了，就为演奏或者歌唱奠定了良好的基础。"因此，导语设计得如何，往往关系到授课的全局和教学效果的好坏，教师应该精心设计课堂教学中的导语。

1. 从教育心理学角度分析

导语是语文课时教学设计的一个重要内容，也是影响学生将来对本篇课文有无兴趣去学习的关键，巧妙新颖、引人入胜的导语，能抓住学生心理，唤起学生的注意力，诱发学生的学习兴趣，使学生为学习新知识做好精神准备。

2. 相关理论

周维、张莉萍在《巧用导语，先声夺人——谈语文课堂教学中的导语设计》中指出：导语是教师在正式讲课文之前，用来引入新课、启发诱导的话。它虽然不是课堂教学的主要内容，却是与教学内容紧密相关的一个重要的教学步骤。魏书生老师说："好的导语像磁铁，一下子把学生的注意力聚拢起来，好的导语又是思想的电光石火，能给学生以启迪，催人奋进。"好的导语是教师精心打造的一把金钥匙，放射出独特的光芒，带领着学生寻找真谛。孟子说："教亦多术矣。"导语设计是一种教学艺术，不会有一种固定不变的模式；导语设计的方法也是千姿百态、异彩纷呈的。要根据不同类型的文体，不同风格、不同内容、不同基调的文章，针对不同的教育对象来精心设计不同的导语，从而为整堂课的教学打下良好的基础。

二、策略举要

（一）师生调查问卷

1. 调查问卷（教师）

（1）在平时教学中常有导入吗？（　　　）

A. 有　　　　　　　　　　　　B. 没有

C. 时有时没有

（2）课堂导入对教学有帮助吗？帮助大吗？（　　　）

A. 有帮助，帮助学生快速进入状态

B. 没有帮助

C. 时有时没有

（3）有没有成功的经验？具体如何？（　　　）

A. 有　　　　　　　　　　　　B. 没有

（4）课堂的导入是教参提供的还是自己设计的，或哪个用得多点？（　　　）

A. 教参提供的　　　　　　　　B. 自己设计的

C. 两者兼之

（5）有没有自己用惯的一种导入方式？（　　　）

A. 有

B. 没有

C. 常用的是导入

2. 调查问卷（学生）

早期调查

单选题：

（1）你对语文感兴趣吗？（　　　）

A.非常感兴趣　　　　　　　　　B.兴趣一般

C.不太感兴趣　　　　　　　　　D.一点也不感兴趣

（2）上语文课时你能很快进入学习状态吗？（　　　）

A.很快　　　　　　　　　　　　B.一般

C.较慢　　　　　　　　　　　　D.需要很长时间

（3）你认为老师在上课前有必要导入吗？（　　　）

A.非常有必要　　　　　　　　　B.一般

C.没有必要，直接读书就好　　　D.无所谓

（4）你的语文老师在上课时是否善于运用各种导入方法？（　　　）

A.善于　　　　　　　　　　　　B.有导入，但没新意

C.偶尔有导入　　　　　　　　　D.滥导误导学生

（5）你的语文老师在上课时所用的导入，你听得懂吗？（　　　）

A.都听得懂　　　　　　　　　　B.想一下才明白

C.有时候听不懂　　　　　　　　D.常常不知道老师说什么

（6）你的语文老师在上课时所用的导入，你喜欢吗？（　　　）

A.都很喜欢　　　　　　　　　　B.有趣的就喜欢

C.一般　　　　　　　　　　　　D.不喜欢

（7）当语文老师在导入新课时，你一般会（　　　）。

A.聚精会神地听　　　　　　　　B.找语文课文

C.开小差　　　　　　　　　　　D.想课间的活动

（8）你的语文老师在上课时所用的导入，能否激发你学习这节语文课的兴趣？（　　　）

A.完全激发　　　　　　　　　　B.有点兴趣

C.没变化　　　　　　　　　　　D.更加没兴趣

（9）当你解决了导入所设计的问题时，你还有兴趣继续听课吗？（　　　）

A.当然有兴趣　　　　　　　　　B.有点兴趣

C. 一般   D. 没兴趣

（10）你觉得你的语文老师的导入时间（　　　）。

A. 很长   B. 刚好

C. 太短   D. 没有导入

（11）你认为语文课导入用多长时间比较合适？（　　　）

A. 3分钟以内   B. 3～5分钟

C. 5～10分钟   D. 10分钟以上

（12）一般来说，语文老师的导入对你这堂课的学习有用吗？（　　　）

A. 很有用   B. 有点用

C. 没变化   D. 说不准

（13）你认为，语文老师的导入跟所要学的课文内容有关系吗？（　　　）

A. 很有关系   B. 有点关系

C. 很少有关系   D. 没有关系

（14）当语文老师在导入时，你是否能猜到老师的目的？（　　　）

A. 完全可以   B. 常常可以

C. 较可以   D. 不能

（15）你希望你的老师有课堂导入吗？（　　　）

A. 非常渴望   B. 希望有

C. 无所谓   D. 不希望，浪费时间

（16）你有没有向老师提出过参与导入的设计？（　　　）

A. 常常   B. 有时候

C. 很少   D. 从不

（17）老师有没有找同学来配合他的导入？（　　　）

A. 常常   B. 有时候

C. 很少   D. 从不

（18）你发现在老师导入完后，同学们（　　　）。

A. 很有兴趣上课   B. 都在思考老师的问题

C. 还是吵吵闹闹   D. 没变化

（19）在语文课堂上，同学们（　　　）。

A. 都很活跃   B. 只有几个人活跃

C. 大家都在抄笔记   D. 没有理睬老师

（20）在语文课堂上，你经常回答问题吗？（　　　）

A. 经常 　　　　　　　　　　　B. 有时

C. 从不爱发言 　　　　　　　　D. 随声附和

中期调查

多选题：

（1）你的语文老师在刚开始上课时一般如何引导？（　　　）

A. 直接让同学们打开书本，讲新课

B. 简要复习上节课内容

C. 先给我们讲故事或做些有趣的事

D. 先问我们一些与新课文有关的问题

E. 听音乐

F. 分析题目

G. 其他

（2）你知道课堂导入是什么吗？（　　　）

A. 老师在上新课前讲小故事之类的

B. 老师强调上课的纪律要求

C. 老师在上课前先出示课堂目标

D. 与课文有关的音乐、图片、视频等

（3）导入新课，你喜欢哪些方法？（　　　）

A. 故事导入 　　　　　　　　　B. 设疑导入

C. 音乐导入 　　　　　　　　　D. 视频导入

E. 课题导入 　　　　　　　　　F. 其他

（4）语文课堂导入应该具备哪些特点？（　　　）

A. 启发性 　　　　　　　　　　B. 趣味性

C. 新颖性 　　　　　　　　　　D. 审美性

E. 其他

问答填空题：

（5）你认为怎样的语文课堂导入才能激发你的学习兴趣？

（6）请你说说自己印象最深的精彩的语文课堂导入，并简单谈一谈你的理由。

（7）请举出三种你认为效果好的语文课的导入方法。

（二）课堂导入策略

1. 不同文体常用的导入方法

说明文常用的导入方法是实物图片导入。议论文常用的导入方法是辩论式导入、名言警句导入。记叙文常用的导入方法是讲故事导入、视频动画导入、音乐导入。

（1）文学类作品教学导入策略

① 叙事散文或小说，抓住文中的主要事件或情节作为切入点来设计导语，层层深入、逐步挖掘，这样会达到事半功倍的效果。例如，《背影》一文，朱自清以背影为线索行文，表达了真挚的父子之情。文章按照"点背影—写背影（望父买橘）—别背影（车站送别）—忆背影（北京思父）"来组织材料。抓住背影的刻画来体会父子感情应是本文教学的切入点，本课的导语我们便这样设计："'可怜天下父母心，可敬天下父子情'，试问同学们，有哪一位父母不爱自己的子女？回顾成长之路，父母为我们呕心沥血、辛苦操劳、付出一生，何等伟大！今天，让我们来看看现代散文家朱自清是怎样从父亲的背影中体会到父爱的。"

② 写景抒情类的文学体教学，则以描写层次、描写角度等为切入点来设计导语。例如，《春》是朱自清先生的写景名篇，其最大特点就是抓住事物的不同特点多侧面地进行描绘，通过春草图、春花图、春风图、春雨图和迎春图5幅主要画面，赞美春天给人带来的活力、希望和力量。实际教学时，我们采用分组分节的形式引导学生边读边悟，这一点很重要。于是，我们可以这样设计导语："一提到春天，我们就会想到春光明媚、绿满天下、鸟语花香、万象更新。古往今来，许多文人墨客用彩笔描绘它、歌颂它。现在我们就欢快地生活在阳春三月的日子里，但是我们往往知春而不会写春，那么请看朱自清先生是怎样来描绘春景的。"

（2）实用类文体教学导入策略

说明文应从说明对象的特点、说明的顺序、说明的方法等方面来选择切入点设计导语。例如，《苏州园林》是介绍多景点的说明文，作者先从大处介绍了园林中的亭台轩榭、假山池沼、花草树木、近景远景四个方面之后，又从细处着笔，解说了园林的角落美、门窗的图案美、油漆的色彩美，从而全面把握说明对象的特点。我们可以先播放苏州园林的精彩图片，然后从苏州园林特点入手来设计导语："'上有天堂，下有苏杭'，苏州园林更值得我们去欣赏，其景点众多，设计也颇具匠心，亭台轩榭、假山池沼、花草树木、门窗图案、油漆色彩都很讲究。今天，让我们拜读叶老的文章，去了解苏州园林建筑群的整体特点。"

2. 一般性课堂导入策略

课堂导入策略包括创设情境导入、巧设悬念导入、引用诗词导入、对话讨论导入、巧妙审题导入、实物图片导入、故事导入、猜谜导入、音乐导入、视频动画导入等。

① 故事导入。以讲故事开始，这样能营造和谐有序的课堂气氛，使师生之间的知识传递融入和谐的情感交流之中，同时又能使课内和课外紧密结合，激发学生的阅读兴趣，收到一石二鸟之效。同时对于学生来说，要将作品中的情感迁移过来，化为自己的情感体验，往往需要一种氛围，一种感情环境，而与文章有着紧密联系的故事能很快将学生导入一种理想的课堂氛围之中。

例如，甘老师在讲胡适的《我的母亲》时，就讲了胡适的家庭背景和冯顺弟的经历，学生听得津津有味，也了解了胡适母亲的不易，进而能理解胡适写这篇文章的意图了。

② 音乐导入。音乐是一种极富感染力的艺术形式，鲜明的节奏、优美的旋律，给人以无尽的遐想。我们可以通过播放与本课有关的音乐导入新课，激发学生的求知欲。利用音乐导入新课，学生便自然而轻松愉快地进入学习新课的状态。

例如，黎老师在教《愚公移山》时巧妙地融入流行歌曲《愚公移山》MTV片段，当教室里出现那优美、铿锵的旋律"听起来是奇闻，讲起来是笑谈，任凭那扁担把脊梁压弯"，当屏幕上出现一位古代老人"望望头上天外天""面对着王屋与太行，凭着是一身肝胆"神情坚毅的特写画面时，学生们仿佛置身于远古时代，真切感受到愚公移山的坚定信心，很快进入学习状态。

又如，《鲁提辖拳打镇关西》的导入，播放电影《水浒传》主题歌："路见不平一声吼哇，该出手时就出手，风风火火闯九州……"梁山好汉中，最能与歌词相符的人物莫过于鲁提辖了，他三拳打死镇关西，就显示出这样的英雄本色。作品写得波澜起伏、摇曳多姿。学生们在主题歌的感情酝酿中自读感知有关内容，领悟文章的精巧构思，把握人物的性格特点。注意：运用歌曲导入，所选歌曲必须与教材有密切关系，同时歌曲本身必须健康有益，有利于培养学生素质，不能单纯地追求趣味性。

③ 视频动画导入。例如，李老师讲授《木兰诗》的时候，采用先放映视频再讲授的教学模式，通过播放成语故事《扑朔迷离》来创设贯穿教学始终的教学情境，然后才讲读。内容上，二者是同一题材的小故事。成语故事《扑朔迷离》与课文《木兰诗》都来自宋代郭茂倩编写的《乐府诗集》，二者在人物故事情节上相互重叠又互为补充，这为创设贯穿整个教学过程的教学情境提供了可能与便利。在《木兰诗》的教学中，教师通过《扑朔迷离》视频动画设疑导入，视频动画与课文文本的对照贯穿整个教学过程，学生视听结合，易于入情入境，产生学习兴趣，进入探究的良好状态。

三、成果与反思

（一）课题成果

1. 激发了学生的学习兴趣

教师在进行教学时，艺术的导入能激发学生的兴趣，使学生情绪高涨，脑细胞活动迅速，神经处于兴奋状态。学生注意力高度集中，感知力、理解力和创新力都处于最佳状态，学习热情高涨，就能主动参与到新课的学习中并取得良好的学习效果。

2. 提高了教师对课堂导入的重视程度并使教师对导入时间的把控有了认识

通过学习和实践，本课题组教师充分认识到合适的导入能激发学生的学习兴趣，提高课堂效率，从思想上和行动上一致重视课堂的导入方式，并且不断尝试创新，总结出适合课堂的最优导入方案，同时认为课堂导入的时间不宜过长，以3~5分钟为宜，利用简短的时间，快速、有效、生动地将学生带进课堂教学。例如，新教师听了课题组成员的公开课后，对课堂的导入也重视起来，而且导入的时间控制在3~5分钟。

3. 从研究效果来看，教师对初中语文课堂教学的导入艺术有了一定的认识

在教学实践中进行新的尝试，不断总结经验，形成一些成功的范例和模式，并且结合自己的教学实践反思形成了文字性成果，包括论文、教育随笔和课件等。这些工作在一定程度上提高了教师的理论水平和教学素养，促进了教师的专业化成长。

4. 总结出一般性课堂导入的方法

创设情境导入、巧设悬念导入、引用诗词导入、对话讨论导入、巧妙审题导入、实物图片导入等。

5. 学生喜欢的四种导入方法

学生喜欢的四种导入方法：①故事导入；②猜谜导入；③音乐导入；④视频动画导入。研究成果在其他学科得到推广。

6. 提升课题组成员的教科研能力

课题组成员共撰写了相关方面的论文4篇。甘伟英老师撰写的论文《巧设新课导语讲究导入艺术》在《中学生导报·教学研究》杂志发表；论文《中考作文高分的法宝》在《中小学教育》杂志发表；教学设计"古诗词五首"获珠海市三等奖；论文《视频动画在语文课堂教学的应用》获广东省教育学会二等奖。课题研究还使全体课题组成员管理班级的能力得到了很大的提高，课题组成员所管理的班级被评为文明班，教师被评为先进班主任和优秀班主任。

（二）课题思考

课题研究开展一年来，我们对初中语文课堂导入艺术有了一定的认识，教师对课堂导入的有效性达成了共识，也探究总结出一些导入方法，但是由于时间有限，我们感觉还存在一些没有解决的问题或困惑。

1. 缺少充足的理论支持

目前，各种"导入说"几乎是面向所有学科的通用常识，专门阐述某一学科的导入策略的论文和文献很少，针对语文学科的导入策略更是少之又少。

2. 各种导入方法与课型对应关系模糊

不同的导入方法，其功能会有一定差异，有些方法适合这种课型，但未必适合那种课型。相对而言，有些导入法与教学内容、课型有一定的针对性。目前谈导入技能的文献很少涉及导入方法与课型的对应关系。

3. 缺少对课堂导入效果的评价办法

一节课的课堂导入效果如何，必须加以评价。"怎么评价，如何评价"这个问题尚无章可循。

注：该篇为甘伟英老师主持的课题"语文课堂教学导语设计之研究"结题报告（有改动）。

语文早读课策略研究

珠海市三灶中学　李智玲

　　早读课是语文学习的前沿阵地，小学如此，初中亦如此。语文早读课在促进学生知识的积累、能力的提高、情操的陶冶方面具有重要作用，也对教学的顺利推进、师生的情感交流具有重要意义。中国文字，音、形、义皆美，需"读"来细细品味其三美。汉语言作品特别是古文学作品，大多长短相间、骈散结合、音韵和谐、说理形象，尤其需要出声地读方能领悟其曼妙。对于诗、词、歌、赋、曲来说，"读"是必需的选择，唯有"读"才能品味它的原汁原味。早读课利用好可以达到超越技巧、超越方法的效果，达到至美境界。学生从题海中走出来，其思路与文采就会如溪水汩汩流淌，才能真正感悟到语文的美，发现和创造语文色彩缤纷的新天地。

　　本课题结合课本内外，对学生的早读内容加以正确引导，对早读朗读的方式、方法进行合理指导，让学生想读、乐读、会读，以激起学生的朗读兴趣，既强化了学生对语言的感知力，又提高了学生的语文素养，真正达到了事半功倍的效果。良好的习惯是一笔财富，良好的早读是学好语文的开端。

一、理论依据

　　新课程标准明确指出："语文教学要重视朗读，要让学生充分地读，在读中整体感知，在读中培养语感，在读中接受情感熏陶。""语文教师应高度重视课程资源的开发与利用，创造性地开展各类活动……多方面提高学生的语文能力。""培养学生广泛的阅读兴趣，扩大阅读面，增加阅读量……"

　　叶圣陶先生说："语文学科，不该只用心与眼来学习，须在心与眼之外，加用口与耳才好。吟诵就是心、眼、口、耳并用的一种学习方法。"

本课题的研究以《义务教育语文课程标准（2011年版）》为指针，以激发学生朗读兴趣为出发点，针对目前七年级语文早读课存在的问题，开展全方位的改革实践，以有效提高早读课的效率，增加学生的语文积累，进而培养学生的道德情感，陶冶学生的心灵。

二、策略举要

（一）学生调查问卷

1. 单选题

（1）语文早读课时，你在做什么？（　　　）

A. 读、背课文　　　　　　　　　B. 复习旧课文，预习新课文

C. 随便做些事情　　　　　　　　D. 做作业

E. 看课外书　　　　　　　　　　F. 说话聊天

（2）你喜欢目前的语文早读课吗？（　　　）

A. 喜欢　　　　　　　　　　　　B. 一般

C. 不喜欢　　　　　　　　　　　D. 无所谓

E. 其他

（3）你上语文早读课时专心吗？（　　　）

A. 很专心　　　　　　　　　　　B. 有时专心

C. 经常做小动作　　　　　　　　D. 无所谓

E. 其他

（4）语文早读课，你最喜欢的阅读方式是（　　　）。

A. 自由朗读　　　　　　　　　　B. 默读

C. 齐读　　　　　　　　　　　　D. 教师指导

E. 其他

（5）语文早读课，你最喜欢的阅读内容是（　　　）。

A. 课内文章　　　　　　　　　　B. 课外名篇作文

C. 与课文内容相关　　　　　　　D. 随便

E. 其他

（6）你喜欢什么样的活动方式？（　　　）

A. 反复朗读　　　　　　　　　　B. 教师范读

C. 读写结合　　　　　　　　　　D. 无所谓

E. 其他

（7）你觉得目前的语文早读课对你学习的帮助大不大？（　　　）

A. 没感觉（可有可无）

B. 一般（有些帮助）

C. 帮助很大

（8）你最希望在语文早读课上做些什么事情？（　　　）

A. 读书或背诵　　　　　　　　　B. 游戏、比赛朗读

C. 课外知识交流讨论　　　　　　D. 无所谓

E. 其他

（9）你觉得怎样的语文早读课你更感兴趣？（　　　）

A. 教师指导、组织形式多样

B. 随意地背诵朗读

C. 其他

（10）你认为语文早读课老师是否做到全程陪同指导？（　　　）

A. 完全做到　　　　　　　　　　B. 基本做到

C. 完全不指导

2. 问答题

（11）你对上好语文早读课有什么好的建议吗？

（二）个案分析记录表

随机选择对语文早读课兴趣"高、中、低"三个层次的学生，结合课堂教学、课后作业等对其进行长期记录，获得数据并进行分析。

1. 基本信息（见图1）

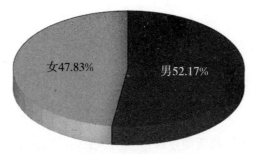

女47.83%　　男52.17%

图1　学生性别分布

2. 关于学生对语文早读课认识度的调查（见表1至表3）

表1 学生对语文早读课的态度数据统计表

项目	题号	选项与数据				
		A	B	C	D	E
学生对语文早读课的态度	（1）	语文早读课时，你在做什么？				
		读、背课文	复习旧课文，预习新课文	随便做些事情	说话聊天	随便读读
		43.25%	34.14%	16.67%	4.55%	1.39%
	（2）	你喜欢目前的语文早读课吗？				
		喜欢	一般	不喜欢	无所谓	其他
		12.83%	33.23%	24.97%	22.17%	6.80%
	（3）	你上语文早读课时专心吗？				
		很专心	有时专心	经常做小动作	无所谓	其他
		41.35%	25.94%	25.33%	3.29%	4.09%

由表1可知，七年级学生经历了小学六年的语文学习，有了一定的朗读基础，41.35%的学生早读课能专心，有时专心的占25.94%。但是从七年级学生喜欢语文早读课的情况来看，12.83%的学生表示喜欢现在的语文早读课，25.33%的学生在早读课经常做小动作。这反映出这个年龄段的部分学生完全是应付式地学习。通过谈话，了解到出现这种情况的主要原因在于这部分学生从小不爱表现自己，在班里长期处于被忽视的地位，而且小学阶段朗读水平不好，自身缺乏对朗读的基本认识，也没有因为早读表现好得到表扬的经历。

表2 学生对语文早读课的认识和实践数据统计表

项目	题号	选项与数据				
		A	B	C	D	E
学生对语文早读课的认识和实践	（4）	你最喜欢的阅读方式是什么？				
		自由朗读	默读	齐读	教师指导	其他
		33.68%	24.15%	23.58%	13.44%	5.15%
	（5）	你最喜欢的阅读内容是什么？				
		课内文章	课外名篇作文	与课文内容相关	随便	其他
		35.82%	25.16%	24.07%	8.15%	6.80%
	（6）	你喜欢什么样的活动方式？				
		反复朗读	教师范读	读写结合	无所谓	其他
		23.35%	33.94%	25.33%	8.29%	9.09%

表2数据统计结果显示：有33.68%的学生喜欢自由朗读，24.15%的学生喜欢默读，13.44%的学生喜欢教师指导；35.82%的学生喜欢朗读课内文章，25.16%的学生喜欢朗读课外名篇，24.07%的学生喜欢朗读与课文相关的内容。这说明大多数学生喜欢朗读内容丰富、形式多样的早读课。

表3　学生对语文早读课的评价数据统计表

项目	题号	选项与数据				
		A	B	C	D	E
学生对语文早读课的评价	（7）	你觉得目前的语文早读课对你学习的帮助大不大？				
		没感觉（可有可无）	一般（有些帮助）	帮助很大		
		21.98%	52.38%	25.64%		
	（8）	你最希望在语文早读课上做些什么事情？				
		读书或背诵	游戏、比赛朗读	课外知识交流讨论	无所谓	其他
		23.56%	45.68%	13.45%	8.69%	8.62%
	（9）	你觉得怎样的语文早读课你更感兴趣？				
		教师指导、组织形式多样	随意地背诵朗读	其他		
		48.79%	29.44%	21.77%		
	（10）	你认为语文早读课老师是否做到全程陪同指导？				
		完全做到	基本做到	完全不指导		
		33.82%	44.93%	21.25%		
	（11）	你对上好语文早读课有什么好的建议吗？				
		多读名篇，多默古诗	多进行小组比赛	读些有益的课文	有兴趣的朗读活动	其他
		22.38%	33.85%	16.87%	15.99%	10.91%

由表3可知，45.68%的学生希望语文早读课能举行相应的朗读比赛，48.79%的学生对教师指导、组织形式多样的语文早读课更感兴趣。这些数据说明，目前的语文早读课形式过于单一，早读内容比较枯燥，教师的指导不够，导致学生对语文早读课的兴趣不浓。

（三）早读课策略

1. 课程目标

根据《义务教育语文课程标准（2011年版）》中对早读目标的要求，设定语文早读课的课程目标，即三个维度。

知识与技能：尝试通过早读内容的安排、多种朗读形式，激发学生语文朗读兴趣。

过程与方法：以个人或小组合作的方式进行朗读活动，体验语文早读的乐趣。

情感态度与价值观：扩大语文阅读量，增加语文积累，发展语感，提高语文综合素养。

2. 课程内容

（1）明确目标，自由朗读（3~5分钟）。

这一阶段要求学生全员参与。早读前首先要明确目标，布置具体的任务，可提前一天或当天早上通知，让学生有章可循。例如，在复习朗读课文《孙权劝学》时，提前一天安排以下任务：①熟读并背诵课文；②识记课下注释，并了解孙权、鲁肃、吕蒙三人事例。显然，①属于基本任务，绝大多数学生可以在规定时间内完成；②属于延伸内容，供优秀学生拓展、提高。这样就兼顾了各个层次的学生，确保普通学生"吃得饱"、优秀学生"吃得好"，各得其所。

自由朗读不是随心所欲、信马由缰，教师要给出方法指导，同时要加强过程调控。首先要求学生读准字音、读清句读、读出节奏，进而读出情感、读出意境、读出风格。教师参与早读，可以起到很好的引领示范作用，极大地提高学生早读的积极性，通过示范可以让学生掌握朗读的基本方法，如果还能够个性化地诵读某一作品，必能使学生心悦诚服、竞相效仿，让学生不知不觉爱上早读、爱上阅读。

（2）合作探究，课堂展示（8~10分钟）。

新课标倡导学生以自主、合作、探究的方式学习。初中生正处于青春期，一味地读是乏味的、徒劳的，也是学生厌恶的。经过第一阶段目标明确的自主学习，大部分学生已经能够完成基本任务，自行解决朗读过程中遇到的问题，这时可引导学生逐步进入探究展示阶段。朗读展示的形式有多种，可以分角色朗读，也可以小组竞赛朗读，还可以派代表读。例如，在朗读

上篇 课题篇

《河中石兽》一文时，采用了小组比赛趣读的方式。个人背、小组背，为荣誉而战，学生就像铠甲战士一样，为小组荣誉而奋斗。教师手拿秒表助力，学生会盯着秒表熟练背诵。最热闹的读法就是背诵《木兰诗》，到目前为止，依然可以将一个班的学生都带动起来。这样的小环境特别具有感染力，可以让学生爱上早读。

（3）及时反馈，巩固成果（约5分钟）。

早读快要结束的时候，不少学生往往显得心浮气躁、急不可耐。及时反馈总结，巩固一下早读成果不失为一种好方法，可以让学生针对早读的内容进行自我反馈（组内反馈）。如果是竞赛朗读，则可以公布竞赛结果；如果是分角色朗读，则进行优选评奖表彰。这些都可以在较短的时间内紧张有序地完成。

科学布置早读任务，合理选择朗读形式，可以充分激发学生的朗读兴趣，调动学生的早读积极性，让学生爱上早读。

3. 早读评价

语文早读课的评价主要采用自评、互评、教师评价等多种方式，评价形式也有文字、发言、讨论等多种形式，以营造全面、高效的评价氛围。

4. 早读反思

（1）课前一定要明确早读内容。引导学生进行课前准备，可有效保证早读的高效进行。

（2）确定好早读形式。要根据不同文体选择不同的活动形式。例如，较短的对话文言文可采用分角色朗读法，诗歌可以选择个人朗读或小组竞赛朗读。这样能确保早读的顺利进行，也能保证全员参与早读。

（3）把握好早读节奏。因为早读时间有限，各个阶段的时间要把控好，尤其是在合作探究展示这一步，把控不好就容易造成预期的目标无法完成。

（4）早读过程中要注意关注学生的参与度。学生只有真正参与，才能感受到早读的乐趣。在早读过程中要充分尊重学生的自我表现需要，设计多种朗读活动，让学生参与进来，形成互动。

三、课题反思

受课题组研究水平、研究时间、研究经验的限制，本研究仍存在一些不足和值得反思之处。

（1）调查时间较短，样本容量较小，样本代表性不是很强。在课题实践的过程中，早读的趣读性推广应用在广度上存在一定的不足。

（2）教学实践的探索深度有限，还没有形成成体系的早读校本课程。

注：该篇为李智玲老师主持的课题"七年级语文早读趣读性研究"结题报告（有改动）。

语文课堂德育渗透研究

珠海市小林中学　叶　梅

语文教科书中的课文大都饱含作者的人生智慧、人文精神，学习这些人文精华是语文课堂的应有之义。但现实却经常被演绎为"语文是个筐，什么都可往里装""语文课种了别人的田，荒了自家的地"。

鉴于此，本课题试图通过研究实验，明晰德育是语文教学过程中的必要因素。我们尝试通过对语文教学设计导入及课堂教学中渗透德育的策略的探究实践，给学生营造一种人文氛围，在思考感悟中培养学生的人文意识，进而塑造学生端正的人生观、世界观，陶冶学生美的心灵。

一、理论依据

1. 课程标准

语文课程标准提出："语文课程为学生形成正确的世界观、人生观，形成良好个性和健全人格打下基础。""工具性与人文性的统一，是语文课程的基本特点。"基于如上解释，语文教学中语文素养的形成与人文教育是统一的，教学应该把握语文课程的性质，将人文主题因素渗透于语文教学之中。

2. 周易理论

《周易·象传》曰："刚柔交错，天文也；文明以止，人文也。观乎天文以察时变，观乎人文以化成天下。"由此看来，所谓人文即教化天下之意，也就是我们今天所说的德育。

二、策略举要

（一）操作实验法

1. 主要操作模式及注意事项

（1）操作模式

① 课前导入：结合不同单元人文目标，利用小故事、小情境，引用诗词、歌曲、文章等导入课文，创设情境，增强体验。

② 课堂环节：注重与现实生活相结合，让学生设身处地地感受作品中人物情感。

③ 课后反馈：一课一得。

（2）注意事项

① 注重学生体验。运用联想扩展法、感悟体验法，把知识传授设计成精神的陶冶过程，把技能的训练过程设计成心灵丰富的过程，把能力提升的过程设计成智慧提升的过程，把课堂的教学过程设计成学生的生命体验和生命成长的过程。

② 注重课后反馈。通过课堂体验，课后反思、感悟，形成自我情感体验，真实剖析自身，写出真真实实的内心体验。

2. 实验过程

实验班级：A班为实验班，B班为对照班。

（1）理论准备

① 实验教师阅读相关理论书籍。阅读《义务教育语文课程标准（2011年版）》《教育过程中的美学意蕴》《不拘一格教语文》《初中语文教学德育渗透》等。

② 实验教师读书交流。

（2）实施情况

实验前问卷调查

关于道德修养：

1. 在成长中你认为自己的道德修养（   ）。

A. 很好，无须再学习

B. 会有阶段性的问题、迷惑，渴望得到指导

C. 经常出现迷惑、问题，无法解决

D. 错失比较多，难以形成良好的修养

2. 你认为个人品德是（　　　）。

A. 天生如此，很难改变

B. 主体品行比较固定，小处有可能改变

C. 后天养成，时时变化

D. 谈品德太虚幻，不容易确定能不能改变

3. 你品德形成的最主要途径（　　　）。

A. 家庭影响　　　　　　　　　　B. 学校师生环境与学习

C. 社会与影视网络信息　　　　　D. 阅读影响

E. 朋友间交往

4. 你认为道德修养能通过课堂学习养成吗？（　　　）

A. 学习是养成品德的主要途径

B. 课堂学习有一定帮助，但主要靠自己

C. 有些影响，作用不大

D. 浪费时间，没什么作用

5. 你认为养成品德的机会（　　　）。

A. 生活中时时处处有　　　　　　B. 有时候会有

C. 课堂学习上都有　　　　　　　D. 只在专门的品德学习上

6. 你最喜欢的科目是（　　　）。

A. 思想品德　　　　　　　　　　B. 语文

C. 历史等人文学科　　　　　　　D. 理化等自然学科

E. 没有特别喜欢的科目

7. 哪些科目对你的品德养成影响最大？（　　　）

A. 思想品德　　　　　　　　　　B. 语文

C. 历史等人文学科　　　　　　　D. 理化等自然学科

E. 个人自主阅读

8. 你认为语文是一门怎样的学科？（　　　）

A. 能学到知识，能学会做人　　　B. 能学到丰富的知识

C. 了解不多，收获不大　　　　　D. 不清楚

9. 你语文学习的情感体验（　　　）。

A. 只存在于课堂，下课后消失

B. 对阅读、说理有影响

C. 会影响自己的品德养成和人生态度

D. 一直影响自己的生活，积极向课堂体验靠拢

10. 你对品德养成有什么要求或建议？

关于语文课堂：

1. 你对语文的态度（　　　）。

A. 很喜欢　　　　　　　　　　　B. 比较喜欢

C. 一般　　　　　　　　　　　　D. 不喜欢

2. 你对语文学习的做法（　　　）。

A. 只专注考试内容

B. 喜欢课文人物形象，常常被感动

C. 喜欢在课后模仿课本人物

D. 没什么体会

3. 你的课文学习重点是（　　　）。

A. 老师讲什么自己就听什么

B. 只关心文章读写，不太关注人物精神

C. 喜欢思考人物精神品格

D. 愿意从课堂上学习做人

4. 你喜欢在语文课堂上听生活、历史人物故事吗？（　　　）

A. 很喜欢　　　　　　　　　　　B. 比较喜欢

C. 一般　　　　　　　　　　　　D. 不喜欢

5. 你觉得在语文课堂上听生活、历史人物故事，能够（　　　）。

A. 增长知识，陶冶情操　　　　　B. 活跃气氛，长点见识

C. 放松一下，没什么收获　　　　D. 不清楚

6. 在学习语文的过程中，你的情感体验是（　　　）。

A. 容易被吸引，常常感动　　　　B. 有时会有感触

C. 很少有感受　　　　　　　　　D. 感觉太遥远，几乎没感觉

7. 最容易引起你情感共鸣的是（　　　）。

A. 英雄、爱国人物故事　　　　　B. 社会人性的故事

C. 名人故事　　　　　　　　　　D. 励志故事

E. 动物与自然故事

8. 你最喜欢哪种教学手段？（　　　）

A. 老师讲、我们听　　　　　　　　B. 运用多媒体扩展阅读

C. 班级讨论并实践于社会　　　　　D. 没什么特别的喜好

关于学以致用：

1. 你觉得课本故事人物与我们生活的关系（　　　）。

A. 纯粹学习，没什么关系

B. 有些会引发思考、激发讨论

C. 有帮助，能指导我的行为

D. 对我的思想有一定影响

2. 你会在课后反思课堂上所学习的品德修养方面知识吗？（　　　）

A. 会，经常有　　　　　　　　　　B. 有时会，特别是适合自己的

C. 很少有　　　　　　　　　　　　D. 没有

3. 你会把课本上的人物跟家人一起说说吗？（　　　）

A. 经常会，比较主动说起　　　　　B. 有感触深刻的事情时会说

C. 父母问起时才会说　　　　　　　D. 很少说

4. 当你在生活上遇到困惑时，你会（　　　）。

A. 放在一边，不加理会　　　　　　B. 与同学好友一起说说

C. 主动找老师、父母等讨教　　　　D. 去找书或电视节目看

E. 求教网络大神等

5. 你会把课堂上学习到的知识运用在自己生活中吗？（　　　）

A. 会，经常用课堂知识指导自己的行为

B. 主要运用在跟人讨论时，做人做事还是自己的一套

C. 有些自己认为对的会主动去实行

D. 没什么感受，个人行为没什么改变

6. 你希望得到哪些帮助（请用文字表述相关内容）

（二）教学设计渗透德育策略

以《诫子书》课堂教学设计为例。

教学目标

（1）积累文言词汇。

（2）熟读能诵。

（3）理解内容，理解"静"，并尝试用"静"来修身。

教学过程

活动一：译读课文

任务与意图：

通过文言对译方式（用白话文翻译成文言文），将白话文再对译成文言文，让学生在这一过程中积累文言词汇，提高学生学习文言文的兴趣。同时，让学生通过对《致儿子》的阅读体会父母在子女教育中的良苦用心。

过程与方法：

出示文章：《致儿子》。

品德高尚、德才兼备的人，依靠内心安静来修养身心，依靠俭朴的作风来培养品德。不看清世俗的名利就不能明确自己的志向，不身心宁静就不能到达更远的境界。学习必须专心致志，增长才干必须刻苦学习。不努力学习就不能增长才智，不明确志向就不能在学习上获得成就。放纵懈怠就不能振奋精神，轻薄浮躁就不能修养性情。年华和时光一同逝去了，意志和时间一同消失了，像枯叶一样凋落，对社会没有任何贡献，晚年伤心地守着破房子，还怎能来得及呢？

① 教师示例文白对译。

② 学生进行文白对译。

③ 引出新课。（板书）

活动二："义"读课文

任务与意图：

本文为诸葛亮劝勉儿子的一封信，要求注重修身治学，强调了淡泊宁静的价值，文章具有很大的教育意义。学生在前面理解课文的基础上，进一步把握文章中"静"所表达的内涵。

过程与方法：

主要采用合作探究学习的方法。

（1）分小组讨论完成填空。

① 解释题目中的"诫"。

② 诸葛亮认为无论是做人还是学习，要获得成功都需要"_____"，最终失败的原因是"_____"。（请用原文的一个词语回答）

③ 思考：是否达到"静"的状态就一定能获得成功？

（2）"静以修身"，你觉得作为初中生该如何做呢？

活动三："韵"读课文

任务与意图：

本文句式整齐，读来朗朗上口，反复诵读才能体味文言文的韵味，更能深入理解文本。

过程与方法：

小组内竞读课文，读准字音，读出节奏，读出韵味。

（组内互读—推选竞读—分组评读—小组演读—全班"韵"读）

活动四：诵读全文

任务与意图：

在理解的基础上背诵，通过背诵进一步品味文本。

过程与方法：

学生自由诵读。

作业布置：

①解释下列斜体字。

夫君子之行，*静*以修身，*俭*以养德。非*淡泊*无以*明志*，非宁静无以致*远*。夫*学*须静也，*才*须学也，非学无以广才，非志无以成学。淫慢则不能*励精*，*险躁*则不能*治性*。年与时*驰*，意与*日去*，遂成枯落，多不接世，悲守穷庐，将复何及！

②翻译下列句子。

静以修身，俭以养德。

非淡泊无以明志，非宁静无以致远。

非学无以广才，非志无以成学。

淫慢则不能励精，险躁则不能治性。

年与时驰，意与日去。

悲守穷庐，将复何及。

③每课一得：

文中提到"静"，"静以修身"，又说"非宁静无以致远""学须静也"。所谓"静"，指的是排除杂念干扰、宁静专一的精神状态。请你以曾经的体验谈谈对"静"的理解。

本节课注重引导学生在"静"方面的思考和理解。"静"修养的是人的内在品质，使人"宁静"，最终使人"致远"，依靠内心安静、精力集中来修养身心，专心致志地刻苦学习才能增长才干，身心宁静才能实现远大的理想。刚进入初中阶段的学生初入青春期，难免躁动，学习本文，能让学生学会树立自己的理想志向，同时保持身心宁静，以专心的态度走得更高、更远。

三、成果与反思

（一）实验成果

1. 课题对学生的影响

在语文课堂教学过程中进行德育渗透，能有效促进学生思想道德品质的发展，而良好的德育又促进了语文教学的发展，提高了学生的语文阅读与写作能力。

（1）文本阅读选择能力的提升

别林斯基说过："阅读一本不适合自己的书，比不阅读还要坏。我们必须学会这样一种本领，选择最有价值、最适合自己需要的读物。"书目的选择与个人的阅读能力以及思想素质密切相关。在课堂教学中进行德育渗透教育的同时，向学生推荐相关类型书目，可以使学生的阅读广度与深度有一定的提高，学生选择书目也会朝一些励志类的书籍（如名人类传记）、科普类文学、名家作品等方向转变。

（2）阅读理解能力的提升

经过一个学年的实验，学生阅读的速度有所提升，而且阅读的专注度也明显增强。在阅读过程中，学生自身经验得以扩充，观念意识在阅读过程中慢慢转变，教师从中引导学生把模范人物的优良品格移植到自己身上，以此产生共鸣，进而理解作品人物的形象意义以及作品的主题思想。

（3）写作能力的提升

写作实际就是用人文的视觉去观察社会、思考人生和畅想未来。经过对学生进行德育渗透教学，学生有了正确的人生观的引导，能够正确思考身边的人、事，能运用从阅读过程中产生的观念意识进行思考，并在写作当中体现出来。因而，作文的叙述不再空洞，更能贴近生活，有感而发，情感更加自然真挚，从很大程度上改变了无病呻吟的文风（见表1、表2）。

表1　实验初期命题作文"第一次"写作训练中选材情况统计表

班级	成功	做饭/家务	帮助别人	承认错误	送礼物	上台表演	欺骗/偷窃	游玩/游戏	其他
七（1）班（实验班）	14	12	5	1	0	2	1	5	5
七（2）班（对照班）	13	16	7	0	1	1	0	5	2

表2　实验后期半命题作文"伴我成长"写作训练中拟题情况统计表

班级	快乐	时间	微笑	爱	自信	幸福	挫折	坚持	乐观	掌声	鼓励	亲朋	阅读	梦想	勇气
七（1）班（实验班）	4	1	5	8	2	0	1	2	2	1	3	8	3	3	2
七（2）班（对照班）	10	5	3	4	0	2	0	1	1	0	0	14	0	0	0

　　通过对比发现，实验初期两个班级的学生在作文的选材上基本没有太大差异，但在实验后期，在作文拟题情况中可发现，实验班学生的思维的开拓性明显优于对照班，而且拟题与作文的选材和立意有密切的关系。这说明实验后，学生的作文能力有所提升。

2. 课题对教师的影响

（1）促进实验教师教学观念的转变

在语文课堂教学中对学生进行德育渗透教育，在阅读文本的过程中对学生进行情感的熏陶和人格的完善以及培养学生对真善美的辨识等，对于学生在文本的理解方面有事半功倍的效果。让学生喜欢的老师才是好老师，好的语文教师的课堂一定是有着浓郁的文化氛围的，而这种文化氛围的形成离不开教师自身的人文素养及人格修养。因此，不断提升自身的人格修养，以渊博的知识与高尚的情操来提升人格魅力，并以此来影响和感染学生，这才是教师作为教育者真正追求的目标。

（2）提高实验教师的课堂教学能力及教育科研水平

主持人叶梅的科研论文《例谈初中语文课堂中学生人文素养的培养》发表在《中学生导报·教学研究》上，并获全国论文比赛一等奖；论文《〈从百草园到三味书屋〉的读书训练》获珠海市金湾区2016年度教育论文三等奖；课例《诫子书》获2016年珠海市金湾区初中语文新教材学习之课堂教学竞赛活动一等奖。

（二）课题反思

（1）学生的思考感悟及对问题的看法不真实。

（2）教师理论知识欠缺。

（三）实验结论

在初中语文课堂教学中进行德育渗透设计，有利于提高学生的语文素养，同时拓宽了学生的阅读面，促进了学生对人文社会的观察与判断，使学生形成了自身的人生观、价值观以及审美体验，激发了学生对语文学习的兴趣，提高了学生的阅读与写作能力，从而提升了语文课堂的有效性。

注：该篇为叶梅老师主持的课题"初中语文课堂教学中德育渗透的策略性探究"结题报告（有改动）。

课外文言文有效解读实践

珠海市金海岸中学　向芬芳

中国的传统文化博大精深、源远流长，积淀了丰厚的文化经典，这些宝贵的思想和艺术在今天仍具有极大的现实意义。文言文作为传承这些传统文化的重要载体，具有极高的思想性和艺术性，充分展示了民族文化的精髓。文言文阅读教学承载着发扬传统美德、继承优秀文化遗产、提高学生解读能力与鉴赏水平的重要任务。

本课题旨在：①通过对"九年级课外文言文有效解读的实践"的研究，让学生掌握一些课外文言文的解读技巧，从而实现"提高学生课外文言文阅读水平，增强学生学好课外文言文的信心，为将来更高层次的学习打好扎实的基础"的目标。②在教学手段方面，采用小组合作方式，利用学生平板电脑等现代信息化技术，激发学生阅读课外文言文的兴趣。

一、理论依据

《义务教育语文课程标准（2011年版）》指出，学生要能"诵读古代诗词，阅读浅易文言文，能借助注释和工具书理解基本内容。注重积累、感悟和运用，提高自己的欣赏品位"；还指出，"语文课程是实践性课程，应着重培养学生的语文实践能力，而培养这种能力的主要途径也应是语文实践"，"应该让学生多读多写，日积月累，在大量的语文实践中体会、把握运用语文的规律"。

二、策略举要

1. 指导学生掌握阅读技巧，积累文言知识，提升课外文言文阅读能力

大多数初中生之所以对课外文言文不感兴趣，最重要的一个原因便是读不懂文章，所以，教师要给予学生一些课外文言文阅读技巧方面的指导，指导学生采用勾连法（注意课内知识的迁移）、组词法（主要是把单音节词换为双音节词）、猜词法（陌生的词语要结合上下文的语境去推断其含义）、句式推断法（借助结构相似的句式去推断相应位置上的词语的意思）、文体法（根据文体知识去整体把握文章内容）、迁移法（学生运用文中的重要词语或句式进行仿写）等阅读策略提高课外文言文的阅读能力。

此外，正如著名语言学家王力先生所说的，学习古代汉语最重要的是词汇问题，要用学习外文的方法去学习古代汉语，所以，学生要能读懂课外文言文，一定要加强文言词汇的积累。教师可以鼓励学生设立文言文学习本，将日常学习阅读中遇到的文言知识积累到本子上，在整理过程中采取分类整理模式：一是针对文言文中的通假字、一词多义、古今异义词等进行积累，如"乃""即""则""皆"都表示"是"的意思；二是针对文言文省略句、判断句、倒装句等特殊句式进行整理，如省略句又细分为主语、谓语、宾语、兼语、介词省略，在整理分类的时候可以再进行细化；三是积累古代名人故事，如初中文言文教材内容很多取自《史记》《资治通鉴》，学生可以积累名家名篇，开阔文言文视野；四是积累文言文语感，语感的建立离不开前三者的基础，更需要学生大量诵读课外文言文，在潜移默化中形成语感，从而提高课外文言文的解读能力。

2. 增加课堂趣味性，激发学生对课外文言文的阅读兴趣

课外文言文的阅读难处就在于"字字有故事"，但是初中生文言知识有限，在阅读过程中就会经常"卡壳"，这导致很多学生失去了对课外文言文的阅读兴趣。所以，教师在教学中要想办法激发学生课外文言文的阅读兴趣。例如，教师在选择课外文言文阅读文本时，可以选择神话故事和寓言故事等趣味性较强的文章，如《能言之鸭》《丑妇效颦》等符合初中生阅读心理的文言小短文。这样不仅可以激发学生的阅读兴趣，还能使学生在期待故事结局的欲望下提升解读能力。除此之外，教师还可以采用多种教学手段来增加课外文言文学习的趣味性。例如，可以利用学生平板电脑的抢答功能来

开展"猜译"教学，在解读课外文言文的过程中，教师可以事先列出文中的重点词和陌生词语，分小组讨论，再让学生利用平板电脑来抢答。此外，教师可以请答对的学生进行学习经验的分享，并适当地奖励，以此来增强学生学习的成就感，调动他们学习的积极性。

3. 鼓励学生进行课外文言小短文的创作，提高学生文言知识运用能力

学习文言文，兴趣是根，朗读是本，活用是魂。初中生文言文解读能力之所以薄弱，主要原因是现实生活中运用较少。文言文是古代人的交流语言，而现代社会主要以白话文为主，这在客观条件上给学生学习造成了一定的阻碍。所以，教师在引导学生解读课外文言文之后，可以选择性地引导学生对文言文知识学以致用。利用课上所学和积累的重点字词、句式，进行文言小短文的创作，这个方法对调动语文能力较强的学生的积极性是直接而有效的，这样的训练内容对学生来说很新鲜，极具挑战性，完成创作之后，学生的成就感相当强。在具体操作中，教师提供重点字词句，让学生自创文言小短文。这个阶段的训练，学生参与的热情都很高，当然，在这个过程中，教师要进行及时的反馈，批改之后，选择学生创作中的典型作品，与全班学生一起分享、一起朗读，共同感受"文""言"之美。

4. 转变传统教学方式，提高教师教学能力

《义务教育语文课程标准（2011年版）》要求初中生具备阅读浅易文言文的能力，但是在传统教学模式下，初中语文教师任务重、课时短，为了按要求完成教学任务，大部分语文课堂以教师为主导，学生没有养成通过自主查阅工具书完成阅读任务的习惯，所以很多初中生课外文言文阅读能力有限。针对这种情况，教师需要改革传统教学理念，创新教学方法，采取符合初中生特点的课外文言文教学方式，充分调动学生的主观能动性，传授学生正确的文言文学习方法，最终实现学生课外文言文有效解读能力的提高。

三、成果与反思

（一）研究成果

1. 完成了"课外文言文学习问卷调查"的调查问卷及分析报告

通过对问卷的统计分析，初步了解了学生学习课外文言文的情况，找出了学生在课外文言文阅读中存在的问题，针对这些问题，课题组成员进行了认真的讨论分析，提出了一些解决问题的对策。

2. 探究并总结了帮助学生提高课外文言文有效阅读能力的技巧，增强了学生扎扎实实积累文言知识的意识。

针对学生读不懂课外文言文文本的情况，课题组的老师进行了深入探讨，总结出了帮助学生有效解读课外文言文的阅读技巧。课题组老师总结的课外文言文阅读技巧主要有：

一是勾连法（课本知识、成语等）。

（1）课本知识，回顾以往课内学过的知识，举一反三，相互比照。

例："常被发面铜具"中的"被"字的解释我们可联系《送东阳马生序》一文中的"同舍生皆被绮绣"中的"被"来理解，这两个"被"都是通假字，通"披"。

（2）成语，不少成语源于文言文，因此成语中保留了大量的文言词义。

例1：缘溪行（《桃花源记》）　　缘木求鱼

例2：其船背稍夷（《核舟记》）　　化险为夷

二是猜词法。

陌生化的词语可以结合字形和上下文的语境去推断其含义，一个词的意义只有在具体语言环境中才是确定的，这就是常言说的"词不离句，句不离篇，篇不离境"。

例："士大夫翕然称之"中的"翕"是一个陌生化的词语，我们可根据这个字的字形和上下文的语境推测它是"一致"的意思。

三是组词法。

古代汉语以单音词为主，现代汉语里双音节词居多。理解时把单音节词组为双音节词。

例：我非子，固不知子矣；子固非鱼也，子之不知鱼之乐，全矣！（《庄子与惠子游于濠梁之上》）

四是句式推断法。

借助结构相似的句式去推断相应位置上的词语的意思。文言文讲究语言的整饬之美，所以，古人写文章喜欢运用整齐的句式，并常在并列短语、对偶句、排比句的对应位置使用同义词或反义词。

例：选贤与能，讲信修睦。（《大道之行也》）

五是文体法。

根据文体知识去整体把握文章内容。初中课外文言文所选的材料大多是人物传记，我们可以指导学生通过把握文章的人、事、品去整体把握文章的主要内容。

六是文章标题、文后注释是解读文本的钥匙。

例：2017年中考课外文言文阅读的第3题"结合选文，说说狄青为什么能够被天下称贤"，这一题目本身就已经概括了文章的大意。

在中考课外文言文的复习备考中，课题组教师一再强调"读懂文本是解题的第一要义"，只要能够读懂文本，后面的题目也就迎刃而解了。教师要让学生意识到"固本"的重要性，让学生扎扎实实地做好文言知识积累工作，帮助学生为将来更高层次的学习打好扎实的基础。

3. 提高了学生自主阅读课外文言文的兴趣，培养了学生良好的学习习惯

通过课题研究，我们改变了传统的字字句句落实的教学方式，教给学生自主阅读、主动探究的学习方法。课前教师让学生先预习课外文言小短文中的重要知识，然后带着预习的问题，利用老师指导的课外文言文阅读技巧，课堂小组合作解决，小组解决不了的问题提出来，全班合作解决，合作还解决不了的问题，师生互动解决。这种方式改变了教师"一言堂"的课堂教学形式，提高了学生自主阅读课外文言文的兴趣，培养了学生良好的学习习惯。

4. 提高了学生文言知识运用能力，增强了学生学好课外文言文的信心

学习的最高境界是学以致用。在进行课题研究的过程中，我们鼓励学习能力较强的学生运用文中的重要词语或句式进行仿写。实验班的优秀学生一共创作了4300余字的文言小短文。在文言小短文的创作过程中，学生进一步巩固了文言知识。教师对这些学生的文言小短文的创作指导和课堂分享又进一步点燃了他们对课外文言文的学习热情，增强了学生学好课外文言文的信心。

5. 学生学习成绩显著提高

通过课题的实施，学生课外文言文阅读能力和鉴赏水平得到了提高，实验班学生的学习成绩进步快，效果明显。课题组成员李琛老师和宋启芹老师所任教的班级，学生的课外文言文阅读成绩在年级名列前茅。课题组负责人向芬芳老师所任教的班级，学生成绩进步明显，课外文言文阅读成绩提升，班级平均分也有了大幅度提升。其中，向老师所任教的九（1）班的语文平均分更是由八年级下学期期末考试落后年级第一名10多分进步到了九年级下学期金湾区二模只落后1分多。金湾区九年级二模考试年级语文平均分跃居全区第一、优秀率第一，并且后进生率也大大降低了。

6. 课题组成员的教学水平和科研能力得到提高

课题研究促使课题组成员不断学习现代教育理论，更新教育观念，不断充实自己，在实践中摸索教学经验。在研究过程中，课题组成员摸索出一些好的做法，总结出一些好的经验，自身教学水平和科研能力逐步提高。在课题实践的过程中，课题主持人向芬芳老师先后上了课题的校内公开课、年级录播课、市级教研活动展播课。课题组成员李琛老师和宋启芹老师也分别上了课题展示课，并在课后根据听课教师的评课建议，及时调整实验策略。与此同时，课题组的三位教师还积极撰写课题论文。向芬芳老师的论文《初中课外文言文有效解读实践研究》和李琛老师的论文《九年级课外文言文有效教学的研究》对指导学生解读课外文言文进行了探究。宋启芹老师撰写的论文《实践创作，由怕而爱》则对学生的文言小短文创作进行了阐述。课题论文的撰写是对课题研究成果的总结，其间课题组教师的科研能力也得到提高。

（二）课题反思

本课题在研究中虽然取得了一定的成果，但仍存在一些问题。

（1）参研教师自身的理论水平欠缺，导致课题研究实验总结的理论层次不高。

（2）总结的方法与实际运用还有一定距离，需要今后不断完善。

（三）实验结论

（1）课外文言文解读指导能够让学生掌握一些课外文言文的解读技巧，从而提高学生课外文言文阅读水平，增强学生学好课外文言文的信心，为将来更高层次的学习打好扎实的基础。

（2）课外文言小短文的创作实践能够有效激发学优生学习课外文言文的兴趣，提高他们的文言知识运用能力。

注：该篇为向芬芳老师主持的课题"九年级课外文言文有效解读的实践"结题报告（有改动）。

上篇 课题篇

名著阅读能力提升的策略

珠海市小林中学　叶　梅

随着社会的发展，影视传媒行业迅猛发展且深入人心，图像与声音的完美结合的直观性常让初中生过度热爱影视作品。而名著是历经岁月洗礼之后的经典，经典的再现需要以文学素养为基础，这导致大部分学生直接给名著贴上枯燥深奥的标签。但名著能提升学生的文学素养，同时还能让学生形成健康的人格。很多影视作品改编自名著，改编后的作品更直观生动。借影视作品的直观生动形象弥补名著作品的枯燥深奥，能够提升学生阅读名著的动力与深度，提高学生语文素养，让学生养成良好品格，可谓一举多得。

笔者主要采取以下策略：①利用影视作品的直观性，提高学生对名著阅读的兴趣。②结合影视欣赏与文本细读，让学生从两个不同维度深入认识作品，培养学生多角度理解能力，以发掘作者写作意图，领悟作品内涵。③运用"自导自演"的方式，把名著与现实有机联系，进一步加深学生对作品的认识，并引导学生从名著中感悟体会生活，实现阅读的真正意义。

一、课题背景

《义务教育语文课程标准（2011年版）》中提出课程的基本理念是"全面提高学生的语文素养，正确把握语文教育的特点，积极倡导自主、合作、探究的学习方式，努力建设开放而有活力的语文课程"。所谓语文素养，即"语文使用过程中建构（说、写）与解读（听、读）句、章、篇各级单位语文所必须具备的对形、神、序、纹各要素本身及其运用的知识和能力涵养，直至完善的心智构造体系""欣赏文学作品，有自己的情感体验，初步领悟作品的内涵，从中获得对自然、社会、人生的有益启示。对作品中感人的情境和形象，能说出自己的体验；品味作品中富于表现力的语言"。阅读能丰富学生生活，拓宽学生视野，使学生积累文学素养，有助于提升学生的口头表达能力和书面表达能力，帮助学生形成正确的人生观、世界观，促进学生理解曾经或现在的社会形态，让学生树立基本的对社会的认识，陶冶学生美好的情操，使学生形成良好的品德。

名著一般为经典之作，经典之所以成为经典，就在于它已经突破了时代、阶层、民族的局限，反映了一种普遍存在的人性常态。学生往往不重视名著阅读，即便阅读也是停留在浅显阶段或只是为考试而读。教师在教学名著时经常过分拘泥于写作背景下的时代意义或是人物的性格特点，这样的教学只是把名著的内容进行割裂，让教学内容变得形式化。这如何让学生爱上名著阅读呢？

统编版语文教材总主编温儒敏教授一直倡导语文教学"应当把阅读放在首位""阅读教学除了学习知识、提高能力，还有更重要的，是培养高尚的读书习惯，把阅读作为一种基本的生活方式"。他明确表示："统编版语文教材还格外注重让语文课往课外阅读延伸，往学生的语文生活延伸。""力图'教读''自读'，加上'课外阅读'，构成三位一体的教学体系。这也是考虑到目前语文教学普遍存在的读书少的弊端，想在教材中起到纠偏的作用。"这表明，教材编者希望在教材层面把课外阅读提升到和课文阅读同等重要的地位，把读书活动纳入正式的语文课程之中，使读书活动成为语文课程的重要组成部分。教材中名著导读的这些变化反映了教材编写的这一指导思想，也是落实"三位一体"阅读教学体系的具体体现。而现今的名著阅读教学的常态与教材编写的初衷背离，名著阅读如同鸡肋，教师无爱，学生更是无从下手。

从教15年来，在工作实践中，笔者一直希望寻求一种方式能让学生愉快地进行名著阅读。既然要愉快，最直接的方式就是激发兴趣、引起共鸣、丰富情感，在这个过程中丰富学生的阅读认知，拓宽学生的阅读视野，培养学生的个性化解读能力，最终提高学生的语文素养。这就要求学生掌握相应的阅读技能，如阅读的速度、语言的感受力和阅读的想象力等。

为此，笔者尝试结合影视，利用影视欣赏的直观性帮助学生快速把握名著作品的情节与人物形象，让学生形成表象后再进行文本阅读，然后结合影视片段与文本细读，尝试梳理作品的结构、语言，并进行分析和讨论，在讨论中提升阅读的深度，尝试发掘作者的写作意图。在此基础上，笔者尝试采用"故事新编""我导我演"等方式，帮助学生在阅读与现实生活之间建立联系，让学生认识到经典形象其实就在身边，读名著其实也可以引领自我、完善自我。这样的名著阅读才是完整的阅读，也让学生懂得阅读名著其实就是阅读生活。

二、策略举要

（一）课型设计

课型1：全文阅读反馈

此课型需要学生在课前观看影视作品，再结合文本绘制相应的思维导图。绘图时需经过思考和选择，选取一个点，形成自己的见解和看法，鼓励学生质疑。课堂上以展示、讨论和问题反馈为主。

以《骆驼祥子》课堂实录为例。

讨论环节：

生1：我在看《骆驼祥子》的时候发现，虎妞成了电影的女主角，感觉祥子的半辈子都是靠虎妞的。

生2：那是因为祥子被虎妞骗了。

生1：我觉得如果没有虎妞，祥子可能还活不了那么久呢！

师：为什么这么说呢？

生1：首先，因为虎妞对祥子有好感，所以他才能在刘四爷家的车厂待那么久。

生3：才不是，那是因为祥子有钱存在了刘四爷那里。

生1：是吗？好像也是。

生1：那后来祥子的车也是虎妞给买的呢！如果没有虎妞，他怎么可能再拉上车。

生2：可是虎妞好吃懒做，最后这辆车还不是被她吃光了吗？

师：我觉得你们看得很仔细，也很有想法。或者我们这样来想，如果把虎妞换成小福子，你们觉得祥子会生活得更好吗？

学生开始议论起来。

生1：我觉得祥子可能死得更快，但应该是死于劳累过度。

师：为什么这么说？

生1：你想想，小福子还要养家人的，她之所以会被卖到妓院，就是因为家里没钱了。祥子如果跟小福子结合了，那虎妞就不会给他买车，而且祥子去刘四爷家租车还得交份子钱。以前他是单身汉，所以还能攒下点钱，但这点钱根本不可能养活小福子一家人，更何况小福子的爸爸还喜欢喝酒。

师：有道理。按这样说，祥子遇到了虎妞和刘四爷，其实是一种幸运喽。

生1：反正我觉得是。

师：虎妞为了祥子其实也牺牲了不少，因为她放弃了车厂衣食无忧的生活，好像她的牺牲挺大的。

生4：为什么虎妞与祥子结合后不再开个车厂呢？反正他们也有本钱。

师：这个问题问得挺好的。大家怎么看？

生1：虎妞带出来的这点钱都买不了几辆车，怎么开车厂？

生2：鸡生蛋，蛋生鸡，可以从小厂做起嘛。

生3：就是，虎妞一直嫌弃祥子拉车累，还臭。其实他们可以买几辆车，然后赚份子钱。或许这样，将来还真能小厂变大厂。

师：其实你们还是挺有经营头脑的。那虎妞跟着刘四爷经营车厂那么多年，为什么她就没有想到呢？还是说就算想到了也不敢做？

生思考。

……

讨论环节是课堂学习前的一个重要环节，课堂上的交流既可以让教师了解到学生对文本的认知程度，也极大地调动了学生的积极性和参与的热情。观看电影后的讨论和问难，更是促进学生细读文本的保障。学生带着疑问与思考再读文本，这样的阅读才是真正的阅读。

课型2：结合影视片段的文本细读

此课型主要利用影视片段与文本细读相结合的方式，尝试梳理作品的结构、语言，并进行分析和讨论，在讨论中推进阅读的深度，尝试发掘作者的写作意图。

以"《骆驼祥子》中的人物"这节课为例。

教学目标

根据选取的电影片段，在文本中找出相应的章节段落，概括人物的特征。

教学准备

电影片段1：

虎妞收车，祥子卖完骆驼拿着30块钱回到刘四爷的车厂，虎妞招呼祥子吃饭，祥子与刘四爷对话。

电影片段2：

虎妞与祥子结婚后，祥子在院子里擦车，跟小福子说话。

电影片段3：

老马跑进茶馆后晕倒，祥子给他买包子。

教学过程

（1）观看影视片段，结合文本，概括出祥子、虎妞、刘四爷、小福子、老马等人的特征。从经济、社会地位、性格特征三个方面来说。（30分钟）

（2）这5个人最终的结局如何？评析造成他们悲剧命运的原因有哪些，尽可能从主观与客观两个方面去寻找。（10分钟）

（3）教师小结。（5分钟）

主观因素：性格局限性，人性缺失。

客观因素：社会因素。

（4）拓展与作业。

20世纪，凌子风执导《骆驼祥子》，主角设置为祥子和虎妞，重点刻画的人物是虎妞。这与老舍创作《骆驼祥子》的人设不太相同，尝试查阅材料，说说凌子风为什么这样做？

本课型是通读作品后对作品的深度解读，为后面的环节做准备，因而在课堂上注重对文本的结构、人物、情节、主题等的梳理。

课型3：故事新编

本课型是在对文本深度阅读后，结合时代因素，探讨作品的时代意义，提示名著之所以成为名著，并不是因为其是个故事，而是因为它可以审视过往，可以启迪智慧，可以引领人生，可以完善自我。

以课本剧"当祥子成了滴滴司机后……"为例。

（1）学生表演自编故事剧。

祥子穿越到了21世纪车水马龙的立交桥上，旁边飞驰而过的汽车让祥子不敢迈脚。

为了生计，祥子想干回旧行当，可是却找不到黄包车店。别人告诉他现在都是用汽车来拉客了，还不怕刮风下雨，因此祥子也像别人一样，交了租金开起了滴滴车。

开滴滴车没多久，祥子遇到了出租车联合抵制，有段时间都不敢出车，怕被人砸车。但没几天，这个风潮似乎就过去了，祥子依旧可以出来拉客了。祥子总是早出晚归，而且从不绕道，饿了路边小摊随便对付点，累了把车停在树下在车上休息一会儿，半年下来竟也攒了万把块钱。祥子因为之前被孙侦探坑过，便听从了同行一个年长的老乡的建议，把钱存进了银行，祥子每天看着存折里的数字，做梦都能笑醒。

别人给祥子介绍在城中村开杂货铺的阿秀。阿秀30岁出头，早年结过婚，丈夫是个开货车的司机，后来出车祸去世了，她也没有孩子，就开了家小店度日。认识了阿秀，祥子突然觉得人生完美了，于是他们结了婚，过起了小日子。后来阿秀还怀上了孩子，快生的时候，医生说阿秀是高龄产妇，而且孩子比较大，不建议顺产。祥子一下子蒙了，脑海里全是虎妞一身血的惨状。还好老丈人二话不说把手术同意书签了，没几分钟，产房传出了清亮的孩子啼哭声。祥子听到这个哭声，也蹲在手术室门口号啕大哭，大家都以为祥子太开心了。

从此，祥子便和阿秀、儿子一起幸福地生活着。因为祥子的辛勤，还有阿秀的善于经营，小日子过得风生水起，儿子4岁的时候，祥子也像其他人一样在这个城市里交了首期，供了一套房子。祥子那么多年的城市梦想终于实现了，可他却百思不得其解：同样那么努力地活着，为什么当年却活得那么狼狈呢？

（2）话题讨论。

①编故事的意图。

②祥子的奋斗史给了你怎样的启示？

本节课主要强调奋斗的重要性，还有就是作为社会的一分子，人都是互相扶持、互相帮助的，只有人与人之间互相尊重和帮助，生活才能展现出最美好的样子。

此课型重在引导学生在文本阅读后的感悟与体会，并利用名著的积极因素对照自身、完善自我。这也是阅读的目的。

（二）评价方式

1. 标准化测评

2019年广东中考考试说明中提到，名著阅读考试内容共有三项：①了解推荐名著的基本内容。②欣赏推荐名著的人物形象和艺术特色。③阐述个人阅读体验，发表对作品的看法。其中第一项的能力层级为识记，其他两项为运用，题型都为非选择题，分值为10分，所处位置在附加题中。考查的方式为节选所推选名著中的部分段落，结合原著进行答题。这就要求学生通读文本，并对作者的写作意图、写作特色以及作品所塑造的人物有一定的理解，形成自己的个性化阅读体验。

2. 过程性评价

过程性评价是指在开展阅读活动中激励学生参与活动的形成性评价，根据不同的活动内容及要求而设置。可以采用名著知识树、通关积分卡等形式，当累积到一定量时，给予学生适当的奖励，如赠书、赠电影券等，以激发学生的阅读兴趣以及参与活动的积极性。

三、研究成果

（一）课题对学生的影响

1. 把影视欣赏作为名著阅读切入点，提高学生阅读名著的兴趣

学生通过观看影视作品，快速把握作品，引起阅读兴趣。陈静娟在《借助影视推动语文教学》一文中指出，文学是"通过观念描写形象，然后作用于人的心灵"，而影视是"一种通过心灵达到形象的艺术，一种通过形象打动心灵的艺术"。通过观看影视作品，学生在阅读作品时会产生联想与想象，更容易丰富理解作品的角度，更易于融入作品、引发共鸣。如果没有六小龄童的精彩演绎，可能喜欢孙悟空的人会少很多。以影视作品作为切入点，激发学生阅读名著的兴趣，学生更容易把握名著的情节与人物。

利用影视片段欣赏，了解人物性格，引起学生情感共鸣。利用影视作品对人物进行再创作，能让学生更直观地认识到该人物的形象特征，再结合原著的描述，学生能更快速地把握人物形象意义。

结合影视欣赏后，学生由之前的抗拒阅读变成主动积极地阅读。课题组在研究过程中共上了三组课题公开课，包括《西游记》《骆驼祥子》《格列佛游记》，课堂气氛相当活跃，学生参与度高，体验到了阅读带来的极大乐趣。例如，叶梅老师上的《骆驼祥子》全文阅读反馈课中（见上文课型1），学生就祥子与虎妞间的关系展开了讨论，看似漫无边际地聊天，教师稍加点拨，触发学生向主题深处思考。思考带动兴趣的提高，兴趣提高触发学生的深层思考，形成良性循环，进而养成习惯。

在课题研究开展前期与后期，实验教师分别就学生阅读名著的兴趣与主动性做了一个问卷调查。调查结果显示，学生的兴趣明显提高，且阅读面变广（见下表）。

调查结果

调查阶段	调查时间	参与人数	每月阅读书目（本/人）	每月阅读漫画（本/人）	每月阅读经典名著（本/人）	每月阅读小说（本/人）	每天阅读时间（小时/人）	主动阅读（自评）
前期	2018年5月	215	2	1.5	0	0.43	0.35	3.2
后期	2019年3月	213	7	1	1.9	4.2	0.74	7.3

2. 把影视欣赏与名著阅读相比较，品味内涵，促进学生深度阅读

在文学作品阅读之前进行影视欣赏，能让学生快速把握作品情节与人物形象特点。影视作品中直观的人物演绎会让学生有更感性的认识与理解，这种认识与理解可以引导学生再读文学作品，并找出相关文字描写进行比对。通过比对演员演绎的人物形象与文学作品中塑造的人物形象，学生能更深入地理解人物特性，了解作者塑造人物形象的意义。

吕叔湘说过："文学的作用主要是感染，使作者的思想感情能够进入读者的脑子，使读者能像作者一样想，有同样的感情，这样就算达到目的了。"当阅读完文学作品后，再去看导演创作的影视作品，对比自己对作品的解读，学生会对作品进行深入思考，这样，学生对作品的内涵会有更深刻的理解。

3. 把影视作品创作背景作为阅读延伸，启迪学生生活智慧

影视作品是导演深入解读文学作品后，根据创作的需求对作品的再加工，并通过形象艺术表演的方式表达出来。我们现在所看的电影《骆驼祥子》是凌子风在20世纪80年代执导的一部作品。当时"文化大革命"所带来的创伤并未消散，所以在创作这部作品时，导演并没有过多渲染底层劳动人民的艰辛与绝望，而是从人性的角度出发，呼吁回归人性之美。电影重点刻画了虎妞，通过她与刘四爷、祥子、小福子等人的爱恨情仇，表现出一个性格泼辣、世俗精明而又不失善良的复杂人物形象。在对比电影与文学作品之后，学生不难从人性的角度发现，祥子因为憋屈而痛苦一生，虎妞却因为果敢而死于非命，小福子因为软弱而失去性命，刘四爷唯利是图却最终人财两空。人性的缺失最终造成悲剧的发生。这是我们可以从影视作品的欣赏中得到的，这也是影视作品给人的先入为主的导向意识引发的效果。

但当了解电影的创作背景后，不难发现，其实作品在不同年代有其不同的现实意义。21世纪，城市化进程让更多的农民工走进城市中工作与生活。对比20世纪初的"农民工"祥子，21世纪的农民工又有怎样的不同呢？学生从"两个世纪的农民工"这个话题入手，分析祥子的工作环境与工作方式，还有祥子的思想局限及自身性格等因素，由此得出适应社会发展更需要自身的改变，从而得出祥子的失败除了社会因素外，其实更重要的是来自主观上的因素，这样的对比探究更加深了学生对人物的理解。

4. 随着阅读的广度与深度的增加，学生的作文能力也得到了提升

"我手写我心"，初中生的阅历大多来自阅读，阅读层次的高低决定了学生思维能力的高低。名著阅读的精读与细读大多以人物、环境的刻画为主，场景描写、背景渲染、人物性格的刻画对学生有耳濡目染的引导作用。

其实，深入阅读名著，通过背景挖掘名著的现实意义等方式从根本上改变了学生思维的深度与广度，课堂上的思维碰撞能激发学生的创作思维。阅读本来就是站在巨人的肩膀上看世界，深层次的阅读能让学生站得更高、看得更远，这样，作文的时候自然立意深刻、水到渠成。

（二）课题对实验教师的影响

1. 课题的开展解放了课堂、解放了教师

随着课改的深入，名著阅读在中考试卷中的要求越来越高，而课标推荐的阅读书目大多枯燥艰涩，学生难以入手，教师也无从下手。结合影视作品进行名著阅读指导，学生兴趣被调动起来了。教师只需按照不同的课型选取相关的影视作品，而且初中生的电脑操作水平甚至可以媲美教师，当学生熟悉课型后，教师可以直接放手让学生参与课程的设计与准备，学生跳出背主题、背人物形象、背艺术特色的学名著怪圈，把死板的课堂教学变为有趣的活动，学生的积极性提高，阅读起来得心应手，教师自然就轻松如意了。

2. 课题的开展提高了实验教师的教育教学能力

在珠海市2018年部编版初中语文教材优秀教学案例评选活动中，叶梅老师撰写的教学案例《昆明的雨》荣获珠海市一等奖。叶梅教师撰写的师德论文《教育是一场美丽的修行》获得广东省"立德树人，做好学生引路人"师德征文中学组二等奖。叶梅老师还与阳东二中骨干教师交流团何经苗老师共同承担"《西游记》名著阅读"的同课异构并受到一致好评。叶梅老师辅导学生参加金湾区经典诵读比赛获得金湾区一等奖；辅导学生廖婉义撰写读后感《父母之爱，回味浓醇——读〈目送〉有感》，在广东省"书香校园"线上读书系列活动中获广东省中小学生优秀读后感二等奖。

四、课题反思

本次课题为微课题，时间为期一年。课题组3位教师因工作原因下半学期分散到了3所不同的学校，对课题的实践开展造成了一定的影响。

名著阅读只尝试了统编版教材中推荐篇目的1/3。一方面是受时间的限制；另一方面是名著可以选取的影视作品不是很多，且3位实验教师均在七年级，所以名著的研究主要针对七年级的推荐篇目。

如何让学生保持新鲜度尚待研究。初次接触此类课堂，学生打开了话匣子，新鲜感和好奇心很足，但随着时间的流逝，这些习惯会否慢慢消失，对思维的深度和广度的挖掘会否慢慢形成定式。

学生自身的思维特点决定了在讨论的过程中容易偏离话题，为了博取别人的目光寻求资料中的观点，而且缺乏加工能力，在课堂上容易出现"伪高潮""伪阅读"，这样非但不能训练学生的思维能力，反而形成了思考的惰性。

实验教师对名著的理解能力也在很大程度上限制了学生的探究能力。

五、实验结论

"通过影视作品提升初中生名著阅读能力的探索与研究"营造了自由、轻松的阅读体验，尊重学生个性，有效促进了学生阅读兴趣的提高，促进了学生阅读思维的发展，丰富了学生阅历，提高了学生思维的创造性。

　　本课题为名著阅读教学提供了一条方便简捷的途径，且还有较大的扩展空间，需要实验教师进一步探索。

　　注：该篇为叶梅老师主持的课题"通过影视作品提升初中生名著阅读能力的探索与研究"结题报告（有改动）。

思维导图视角下的文学类作品阅读备考研究

珠海市小林中学　刘 兵

《义务教育语文课程标准（2011年版）》在语文的课程基本理念中明确规定："语文课程应引导学生丰富语言积累，培养语感，发展思维，初步掌握学习语文的基本方法，养成良好的学习习惯，具有适应实际生活需要的识字写字能力、阅读能力、写作能力、口语交际能力。""语文学习还应关注个体差异和不同的学习需求，积极倡导自主、合作、探究的学习方式。"

阅读训练是九年级语文备考训练中的重点，而文学类作品阅读更是重中之重。纵观历年中考试卷，文学类作品阅读的分值逐年攀升，然而学生的实际得分情况并不理想。分析其中的原因，学生认为教师的教学方法比较单调，以至于对阅读课兴趣不浓；而教师则认为自己已经在课堂上把知识点讲解到位，主要在于学生参与阅读的热情不高。

新课标中明确提出，要注重学生在阅读教学中的体验和感悟，学生的认知活动主要是"掌握"而不是"发现"。读书贵思，阅读有着复杂的心智背景。现代心理学研究成果表明，阅读过程包含六种心理操作：发现——对文章信息的搜寻；识别——对文章信息的筛选；认同——对文章信息的转换；组建——对文章信息的改组；扩展——对文章信息的使用；记忆——对文章信息的储存。这一研究结果充分说明，阅读不是机械地念诵原文，而是用自己的内部语言去理解和改造原文。阅读的过程必然伴有分析、比较、综合、概括、归纳、演绎、想象、联想等思维过程。

一、理论依据

1. 语文课程标准中的基本理念

语文课程标准中提出课程的基本理念是"全面提高学生的语文素养，正确把握语文教育的特点，积极倡导自主、合作、探究的学习方式，努力建设开放而有活力的语文课程"。语文学科的核心素养包括语言的建构和运用、思维的发展和提升、审美的鉴赏和创造、文化的理解和传承。而思维导图对于提升学生的记忆、自主学习、沟通表达、合作、创造、分析等能力有着显而易见的作用。思维导图在初中语文文学作品阅读中的运用，对于全面提高学生的语文核心素养，促进学生之间的交流与合作大有裨益。

2. 思维导图

思维导图，又称心智导图，是表达发散性思维的有效图形思维工具，它简单却很有效，是一种实用的思维工具。思维导图运用图文并重的技巧，把各级主题的关系用相互隶属与相关的层级图表现出来，把主题关键词与图像、颜色等建立记忆链接。思维导图充分运用左右脑的机能，利用记忆、阅读、思维的规律，协助人们在科学与艺术、逻辑与想象之间平衡发展，从而开启人类大脑的无限潜能。思维导图在阅读教学中的恰当使用能够帮助学生快速地对阅读材料中最重要的信息进行组织整理，使复杂的内容非常清晰、系统地凸显出来，因而能帮助学生更加深刻地理解阅读材料内容，迅速把握整个文章的意思，顺利答题。

除此之外，思维导图在阅读训练中的运用还能促进学生的合作与交流，学生合作制作思维导图，或者教师和学生协作完成思维导图，有助于协作小组成员共同发展认知和解决问题。

二、策略举要

（一）问卷调查法

为了了解学生文学作品阅读的现状以及他们对思维导图的认识与运用情况，在研究前期我们设置了调查问卷，现对调查问卷所得的数据进行分析。本次共下发183份调查问卷，收回有效问卷183份。具体数据如下。

附:

学生调查问卷结果

第1题　你的年级？〔单选题〕

选项	参与人数	比例	
七年级	86		46.99%
八年级	18		9.84%
九年级	79		43.17%

本次调查主要针对七年级和九年级的学生，部分八年级学生也有参与，在三个年级均展开调查的目的在于使本次问卷调查的数据更加全面。

第2题　你喜欢阅读文学作品吗？〔单选题〕

选项	参与人数	比例	
喜欢	127		69.40%
没有感觉	43		23.50%
不喜欢	13		7.10%

本道题的调查数据显示，大部分学生喜欢阅读文学作品，文学作品对于初中学生的吸引力可见一斑。但是，依旧有将近1/3的学生对文学作品阅读兴趣不大，那么，如何提升这部分学生阅读文学作品的兴趣就是本次小课题研究的重要内容之一。

第3题　你在阅读文学作品时遇到过哪些阅读障碍？〔多选题〕

选项	参与人数	比例	
无法理解主题	62		33.88%
情节把握不准	72		39.34%
人物形象分析不清	54		29.51%
难以体会语言妙处	89		48.63%
其他	48		26.23%

本道题的调查数据显示，初中学生在阅读文学作品时遇到多重阅读障碍，其中难以体会语言妙处、情节把握不准、无法理解主题、人物形象分析不清是普遍性问题，这些问题产生的根本原因在于学生在阅读时思路不清，无法准确理解文本。

上篇　课题篇

第4题　你的语文老师会给你做专业的阅读指导吗？［单选题］

选项	参与人数	比例	
会	163		89.07%
不会	20		10.93%

本道题的调查数据显示，绝大部分语文教师会对学生做专业的阅读指导，这为思维导图阅读法的合作与推广提供了最好的平台。

第5题　你在进行文学作品阅读答题时得分情况如何？［单选题］

选项	参与人数	比例	
15分以上	9		4.92%
12~14分	39		21.31%
9~11分	84		45.90%
6~8分	37		20.22%
6分以下	14		7.65%

本道题的调查数据显示，近75%的学生文学作品阅读得分率不高，失分较多。九年级文学作品阅读备考时，语文教师会花大量精力做答题技巧与答题格式的训练，然而，缺乏文本准确理解的文学作品阅读答题没有"血肉"，因此导致失分严重。

第6题　你接触过思维导图这种学习工具吗？［单选题］

选项	参与人数	比例	
有，并且运用熟练	65		35.52%
有听过，但是没有运用过	114		62.3%
没有听说过	4		2.19%

本道题的调查数据显示，参加问卷调查的学生基本都听说过思维导图，并且超过35%的学生能够熟练运用，这为思维导图阅读法在文学作品阅读中的运用提供了最基础的工具性准备。

第7题　你在阅读文学作品时有自己有效的方法吗？［单选题］

选项	参与人数	比例	
有方法，而且有效	49		26.78%
有方法，但是效果不太好	106		57.92%
没有方法，无从下手	28		15.30%

本道题的调查数据显示，绝大部分参与问卷调查的学生在阅读文学作品时缺少有效的方法，甚至还有一部分学生根本无从下手，这为本次课题研究提供了必要性。

第8题　你喜欢读哪种类型的文学作品？［多选题］

选项	参与人数	比例	
散文	86		46.99%
小说	145		79.23%
戏剧	19		10.38%
其他	62		33.88%

本道题的调查数据显示，参与问卷调查的学生中绝大部分喜欢小说，散文也比较受欢迎，而小说与散文正是中考文学作品阅读的基本体裁，学生对这两种类型文学作品的喜爱就为思维导图阅读法在文学作品阅读中的运用奠定了阅读基础，学生也会比较容易感兴趣。

第9题　你愿意尝试运用思维导图提高阅读效率吗？［单选题］

选项	参与人数	比例	
非常愿意	115		62.84%
不太喜欢	68		37.16%

本道题的调查数据显示，参与问卷调查的学生大部分非常愿意尝试运用思维导图提高阅读效率，但仍有超过37%的学生不太喜欢，那么，提升学生对思维导图阅读法的兴趣则是重点研究内容之一。

第10题　请写下你对老师在进行文学作品阅读指导时的建议。［填空题］

本道题为填空题，参与问卷调查的学生基本能真诚地写下给教师进行文学作品阅读指导的建议，如希望教师能多多使用思维导图的方式来给学生上课，引导学生爱上文学，并指导一定的答题方法，更加细致地解读文本并深入地与学生共同感受，等等。由此可见，学生渴望读懂文学作品并能由此突破阅读难关，而教师行之有效的方法指引则是引领学生爱上阅读的关键。

针对回收的调查问卷，我们简要分析学生的答案。从这10道调查选题中我们不难发现存在以下几个问题。

（1）文学作品阅读依旧是困扰部分学生的难题，而这一部分学生最主要的问题又表现为读不懂文章主题，对于文章的情节、人物形象与语言把握不到位。学生对于如何提高文学作品阅读水平是盲目的，主要的方式是通过教师的授课和缺少有效方法指引的低效练习。

（2）大部分学生对文学作品阅读有一定的兴趣，并渴望教师给予有效的专业的方法指导。大部分学生听说过思维导图，甚至有部分学生能够熟练运用。

（二）理论学习法

课题组教师阅读了大量有关思维导图阅读法的专著及论文，著作有思维导图创始人东尼·博赞的《思维导图》《快速阅读》，胡雅茹的《思维导图阅读法》，刘火平的《思维导图伴你学初中语文》；论文则有胡轶文的《"思维导图"在初中语文阅读教学中的应用初探》，王初薇、王琳琳的《思维导图在初中语文阅读教学中的应用研究》；等等。大量的理论准备为课题的开展打下了坚实的基础。

（三）实践研究法

课题主持人刘兵老师一直在尝试把思维导图与九年级文学作品阅读备考进行结合。2016年11月29日，刘兵老师代表金湾区在深圳东方学院英文书院召开的"常态翻转课堂实践教学观摩会"活动中执教示范课"巧用思维导图，分析人物形象"，获得与会教师一致好评。这也是本课题开始萌芽的地方。2017年5月，刘兵老师在"科大讯飞杯"学科教学竞赛中，运用思维导图执教九年级复习课，获得市级三等奖，课题的研究价值初见成效。

（1）2017年11月12日，受刘兵老师之邀，科大讯飞公司的培训师朱蕾娜给小林中学"思维导图阅读法"实验班的学生带来了一场关于思维导图的头脑风暴。

（2）2017年11月15日，刘兵老师在小林中学录播室为云南省贡山县到金湾区跟岗培训骨干教师上了课题研讨课，课题为"巧用思维导图，厘清文章思路"，得到听课教师的好评。

（3）2017年11月27日，课题组成员在红旗中学聆听并学习了叶才生老师以思维导图指导学生赏析句子的九年级文学作品阅读复习课。

（4）2018年1月，刘兵老师的课例"文学作品阅读备考训练——以《窗》为例"获金湾区首届"互联网+教育技术"大赛三等奖。

（5）2018年3月14日，刘兵老师借金培忠名师工作室读书交流活动之机，开展了以"思维导图"为主题的主题研讨会，向到场的成员们介绍进行思维导图课题研究时的相关经验与做法。

经过将近两个学期的摸索，既有学习与输入，又有实践与输出，基本把思维导图在九年级文学作品阅读中的运用在具体的课堂教学实践中磨了一轮。在问卷调查中涉及的几大难题，诸如赏析句子、分析人物形象、厘清文章思路，在借助思维导图辅助文学作品阅读的过程中，学生们纷纷反映阅读成效有所提升，而这几个难点又是文学作品阅读的高频考点，对于提高学生的考试得分，效果显而易见。

三、成果与反思

（一）研究成果

思维导图在九年级文学类作品阅读备考训练中的运用，其效果是令人欣喜的。

1. 课题对学生的影响

（1）课题研究进行两年来，实验班的检测成绩与课题开始前相比有了明显提升，特别是文学作品阅读优势越来越明显。2107、2018学年笔者均任教九年级，且都是九年级中途接班，思维导图在九年级文学类作品阅读备考训练中的运用效果显著，以下是这两个学年的中考成绩与八年级下学期区统考的成绩对比数据（见表1～表4）。

表1　2017届中考语文成绩

班级	九（1）班	九（2）班	九（7）班（红中）
文学作品阅读	10.87	9.09	9.87
总分	79.48	78.74	79.32

表2　2017届八（下）期末区统考语文成绩

班级	八（1）班	八（2）班	八（7）班
文学作品阅读	5.83	5.78	5.61
总分	67.7	64.63	68.39

表3　2018届中考语文成绩

班级	九（3）班	九（4）班	九（6）班（红中）
文学作品阅读	9.44	10.87	9.76
总分	78.57	82.38	81.51

表4　2018届八（下）期末区统考语文成绩

班级	八（3）班	八（4）班	八（6）班
文学作品阅读	5.83	7.78	6.64
总分	72.7	76.63	73.45

（2）通过课题实验，不仅学生的成绩得到了提高，更重要的是学生逐步掌握了思维导图这一终身受益的工具，让阅读变得不再困难，而且能够运用到其他学科，甚至生活的方方面面。

2. 课题对教师的影响

（1）提高了实验教师的课堂教学能力和教育科研水平。

主持人刘兵老师开始本课题研究以来，自2016—2018年执教课题研讨课若干节。2019年6月，刘兵老师代表金湾区参加珠海市初中语文青年教师能力大赛，运用思维导图执教《白杨礼赞》，获得市级一等奖。在课堂实践的基础上，刘兵老师总结经验，撰写论文《思维导图引路，提高阅读效率——浅论思维导图在初三文学作品阅读备考训练中的运用》，对课题研究情况进行反思和总结。

此外，在课题开展的第二年，刘兵老师尝试着把思维导图运用到语文学习的其他板块，同样颇具成效。教学案例"巧用思维导图，学习病句修改"在广东省2018年初中语文复习课教学研讨活动中获二等奖；论文《巧用思维导图，合理文章布局》获第三届中小学数字化教学研讨会论文评比二等奖，《磨刀不误砍柴工——浅论思维导图在初中记叙文写作结构训练中的作用》在第七届全国初中语文教师教学基本功展评暨教学观摩研讨会中获论文评比一等奖。

（2）初步形成了思维导图阅读法的课堂模式。

课堂形式为翻转课堂，上课流程分为以下几步：观看微课，完成课前自主学习任务单—预习反馈，总结方法—实战演练，巩固训练—小结收获，课外拓展。

（3）思维导图这一工具得到有效推广。

① 2018年3月14日，刘兵老师开展了以"思维导图"为主题的主题研讨会，以此为契机，工作室成员及区内其他语文教师陆续开始思维导图阅读法的运用。

② 2018年3月22日，在广东省2018年初中语文复习课教学研讨活动中，刘兵老师做经验分享，介绍思维导图在初三语文备考训练中的运用情况，得到与会教师一致好评。

③ 思维导图逐步运用到其他学科，如数学、化学，极大地提高了学生的学习兴趣与学习效率。

（二）课题反思

（1）思维导图在文学作品阅读备考训练中的运用还有待拓展。

（2）教师绘制思维导图的能力还有待加强，手绘之余，下阶段还可以尝试软件绘图。

（3）思维导图与信息化教学的融入还不够充分。

（4）思维导图阅读法的理论研究与总结还不够深入。

（三）实验结论

思维导图在九年级语文文学类作品阅读备考训练中的运用，在帮助学生提高文学作品阅读得分能力的同时，也能引导学生逐步掌握思维导图这一有效工具。在课题研究过程中，实验班的学生纷纷将思维导图慢慢运用到各个学科，甚至生活中。授之以鱼，不如授之以渔，在运用思维导图的过程中，学生的思维能力不断得到提升，这也是发展语文核心素养的要义所在。

注：该篇为刘兵老师主持的课题"思维导图在初三语文文学类作品阅读备考训练中的运用"结题报告（有改动）。

初中生写作能力提升研究

珠海市红旗中学　甘伟英

学生因课业负担过重失去了走进自然、亲近阅读的机会。中学生课业负担太重，学生囿于家门与校门之间，失去了亲近自然、走进多彩生活的机会，难以积累写作的素材。中学生手中的教辅资料已经满满占据了学生的生活，学生只能放弃阅读，从而封锁了自己与阅读亲近的机会，难以积累写作的亮点。

繁重的语文教学使语文教师无暇更精深地指导学生写作。中学语文教师的教学任务一般都非常繁重，而且大多数语文教师都兼任班主任工作。所以，许多语文教师不仅自身无暇去积累较多的写作素材，少有"下水作文"，而且会出现作文指导和批改不到位的现象。在诸多因素的影响之下，学生的作文味同嚼蜡，缺乏生活的情趣和文字的灵性，他们笔下的作文语言空泛化、人物模型化、选材单一化、结构套路化。为了改变这一现状，通过一年的摸索、实践，我们提出了"初中考场作文开头与结尾有效教学法"，力求寻找一种较为简单的新的作文教学新路子。

本课题的研究旨在形成一套初中考场作文开头与结尾有效教学的策略方法，提高教师进行有效作文教学的能力；使学生对习作的情感和习作能力得到具体的进步与发展，达成目标要求；追求实践快速、优质的写作，为大面积提高初中作文质量提供借鉴。

一、理论依据

文章的开头是文章结构的重要组成部分。古人把文章开头称为"凤头"，也就是说，文章的开头要漂亮，给人以先声夺人之感。开头处于文章的醒目处，又好比乐曲定调，成功与否直接影响整个作品的得失。文章的结尾是给读者（阅卷者）的最后一道风景线，是文章的圆满结束，如同电视剧的结尾，或欢喜，或令人回味无穷，一定要给阅卷者"回眸一笑百媚生"的惊喜。结尾巧妙，收束自然得体，使读者感到余音缭绕、回味无穷，达到掩卷而长思的效果。

作文的开头和结尾是阅卷老师阅读的重要位置，因此打造一个精彩的开头和结尾，就会使文章出现亮点，从而吸引阅卷老师的眼球，提高作文的分数。

该课题针对作文教学中学生无话可写、语言枯燥无味、文章素材堆积、缺乏灵活的写作技巧、呆板、无创新能力等现象，以马克思主义的认识论，布鲁纳的发现学习理论以及苏霍姆林斯基的成功教育理论为依据，坚持以学生为主体，充分发挥他们的主动性，引导学生多角度地观察生活，描写生活。同时启迪、熏陶学生，对他们的点滴进步加以肯定、鼓励、赞赏，让他们体验成功，充满自信地投入学习。在作文教学中，通过范文引导，教给学生正确、科学的习作方法，使学生愿写、乐写，不断改进写作方法与技巧，丰富写作内容，达到提高写作水平的目的。本课题的研究立足于努力提高农村小学生的语文素养，重点研究怎样在写作教学过程中调动学生学习的主动性，唤起学生习作的欲望，培养学生的写作兴趣，让学生主动参与，掌握良好的写作方法，最大限度地提高农村小学生的写作能力，使其形成良好的社会交往能力和健全的人格。写好作文的开头与结尾，最能吸引、培养学生的兴趣，最能让学生体验到成功的喜悦，在考场上也有立竿见影的效果。

二、策略举要

1. 研究策略

以多元智能理论、人本主义理念为指导，根据因材施教原则，通过教学改革实践，探索作文开头与结尾教学的指导策略，全面提高每个学生的作文兴趣与能力。具体分解如下。

（1）培养全体学生的作文兴趣和自信心，使原来害怕作文的学生能够逐渐不再害怕，并慢慢喜欢上作文，逐渐养成多观察、多读、多写等写作的良好习惯。

（2）培养学生的语言能力和思维能力，使之同步发展。尤其是重视思维能力的培养，使学生在习作中先学会作文的开头与结尾，再要求写好主体。

（3）在考场上能够快速写好作文的开头与结尾。

2. 问卷调查

开展有效课堂教学与写作有关的问卷调查及反馈。

例如，问卷调查有这样的问卷及反馈。

1. 在阅读时你会特别留意文章的开头和结尾吗？

A. 是（34.23%）

B. 有时如此（54.48%）

C. 否（11.29%）

2. 你会总结课内阅读的开头与结尾及其种类和方法吗？

A. 是（0.00%）

B. 有时如此（43.82%）

C. 否（56.18%）

3. 看到你认为好的开头和结尾，你会尝试把它记下来吗？

A. 是（22.47%）

B. 有时如此（60.23%）

C. 否（17.30%）

4. 你平时写作是否重视开头和结尾？

A. 是（22.42%）

B. 有时如此（54.81%）

C. 否（22.77%）

3. 利用一切可利用的资源，进行教学研究

（1）优化课堂教学。课堂是培养学生习作能力的主战场，因此我们把研究重点放在优化课堂教学上，力求使课堂教学成为学生各项能力不断发展的过程。一年来，我们每个月都有语文教师在与课题主研人员一起商讨的基础上，在学校执教习作研讨课。例如，甘伟英老师上的公开课"作文的开头技巧"，她首先让学生读佳作的开头，然后让学生说出从这样的开头方法中发现了什么，接着归纳技巧，再练习写作。教学内容很有条理，通俗易懂，学生很快就掌握了作文开头的技巧（见图1、图2）。

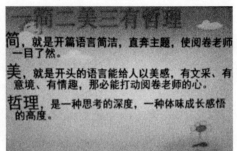

图1　公开课图片　　　　　　　　　　图2　公开课图片

（2）取经和充分运用现代教学手段进行教学研究。课题组成员借助远程教育的东风，充分运用多媒体教学设备，借助现代教学手段开展研究工作，网上查阅资料，制作课件，听名师讲课，把作文课上得丰富多彩、有声有色，不断提高教师的教学水平，促进教学相长（见图3、图4）。

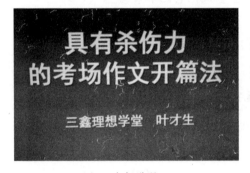

图3　名师讲课一　　　　　　　　　　图4　名师讲课二

三、成果展示

1.课题成果

（1）激发了学生的学习兴趣，使学生掌握了写作素材的积累方法和途径，丰富了学生的写作内容，提高了学生的作文水平。每周为学生提供读、讲、说、写的机会，尽量利用校园里的一切活动，引导学生留心观察生活，通过观察、记录、交流，学生不但积累了大量鲜活的写作素材，而且切实感受到了时时处处有生活，时时处处有话可写，写作并不难。每天利用早读时间组织学生进行一句话自教："熟读唐诗三百首，不会作诗也会吟。""业精于勤，荒于嬉；行成于思，毁于随。""学会倾听也是一种良好的学习品质！""书到用时方恨少，事非经过不知难。"这些富有哲理又有教育意义的话，每天出现，日积月累，学生收获颇多。每天安排课前的5分钟演讲活动，内容不限，天文地理、人情世态、社会自然、包罗万象，但不得重复，形式多样，可以是读、讲、说、写等，只要主题积极、健康，只要能从别人读、讲、说、写的过程中有所收获即可。教师每周评选出一名优秀演讲者，每个学生都想在演讲中一展风采，非常珍惜每一次演讲机会，都会精心准备。

（2）在读写结合下总结归纳出作文开头与结尾的方法。掌握常用的开头技法：交代法、悬念法、描写法、引用法、渲染法。例如，读课文《伟大的悲剧》的开头："1912年1月16日这一天，斯科特一行清晨启程，出发得比平时更早，为的是能早一点看到无比美丽的秘密。"在读的过程中探讨其技法，然后领悟其写法——交代法。

掌握常用的结尾技法：自然收尾法、首尾照应法、点题法、引用名人警句法、直抒胸臆法。例如，读课文《我的叔叔于勒》的结尾："我们回来的时候改乘圣玛洛船，以免再遇见他。"在读的过程中探讨其技法，然后领悟其写法——在内容表达了之后，自然地收束全文，既不去设计意蕴深刻的哲理语句，也不去雕琢丰富的象征形体，单纯明快、朴素无华、讲究自然，却不马虎草率，顺着文思发展的自然趋势结束全文。这种结尾法是自然收尾法。

（3）教师完成了一批作文教学研究讲义，整理出《优秀的开头与结尾精选》《作文的开头集锦》《作文的结尾集锦》向同年级推荐。

（4）获得了好成绩。

①黄锦怡同学获金湾区中小学"共筑中国梦"主题征文二等奖。

②赵正浩同学获金湾区中小学"共筑中国梦"主题征文三等奖。

③杨晓曼同学获金湾区"不忘初心，继续前行"演讲大赛初中组二等奖。

④邓醴湘同学的《止毒液之流，扬生命之帆》获金湾区"健康人生，绿色无毒"征文一等奖。

⑤课题研究还使全体课题组成员的教科研能力得到了很大的提高，取得以下成果。

甘伟英老师撰写的教学设计"古诗词五首"获珠海市三等奖；撰写的论文《视频动画在语文课堂教学的应用》获广东省教育学会二等奖；论文《作

文亮点，点亮作文》获全国初中语文教师教学基本功展评暨教学观摩研讨会评审二等奖；论文《中考作文高分的法宝》在《中小学教育》上发表。

黄文慧老师的论文《创设情境依托课文捕抓细节——提高七年级细节描写能力研究》获珠海市教育教学论文评比三等奖；《随"境"潜入"心"，润物细无声——提高学生细节描写能力的有效方法探究》获区优秀教育教学论文评比二等奖。课例"抓住细节，描绘细节"获第七届全国初中语文教师教学基本功展评优秀课例一等奖。

2. 课题思考

我们研究的课题表面上难度不大，师生们也总结出不少方法，但还有学生在写作中出现开头的铺垫太长的现象，思想上还没纠正过来。为此，我们的课题研究并没有画上句号，我们将一如既往地坚持研究，力求做好学生写作的引路人。

总之，在新课程改革下，对写作教学的研究没有穷尽，虽然在研究的道路上取得了初步成果，但我们的研究还比较肤浅，研究的深度和广度还有待进一步加强。我们必须认真反思课题研究工作，从思想上、理念上、技术层面上都要认真总结，以适应课改的不断深化，全面提高语文教学质量，为社会主义现代化建设培养更多的合格人才。

注：该篇为甘伟英老师主持的课题"读写结合下作文开头与结尾之研究"结题报告（有改动）。

细节描写能力提升研究

珠海市三灶中学　黄文慧

　　随着新课改的推广与深入，作文在中学语文教学中的作用和地位越来越突出，作文占据了中考语文成绩的很大比重，提高学生的写作水平也是语文教师的教学目标之一。在新课改的指引下，初中语文的教学目标是让学生以真情实感来写作，那么，我们如何才能有效实现这一教学目标？大量的文献研读和实践证明，让学生具备细节描写能力，指导学生掌握细节描写的基本要求是实现有效写作的一条途径。细节描写是写作的基本功之一，在一定程度上决定着学生的写作能力与水平的提高。初中生写作体现出来的普遍问题就是个性不鲜明、描写不生动，"流水账"式的写作，因此针对这种问题，指导初中生进行细节描写，提高学生的细节写作能力尤为重要。

　　本次课题研究针对七年级的学生，他们刚进入初中学习，在理解能力、接受能力上都有了一定的基础，这时候开展细节描写教学，可以为学生奠定良好的写作基础，对于学生的发展是大有益处的。

一、理论依据

　　《义务教育语文课程标准（2011年版）》中对于作文写作的要求规定：语文的写作要感情真挚，要能够准确表达自己的真切体验和独特感受。而情境教学法正是适合这一教学要求的教学方式，教师在教学过程中为学生构建一个具体、生动、形象的学习情境，通过一定的方式将学生带入这个适合的情境之中，让学生在情境的启发下进行有效的学习和体验写作。在情境教学法下，学生完全融入教师设定的情境之中，形成自己的真切体验，也形成了独特的感受。初中生的学习科目众多，学习压力也很大，在日常的生活学习中，学生很少去积累生活经验，也很难养成细致观察生活的习惯，而情境教学法能够指导学生有意识地描写、观察，对细节进行关注，最终在心中形成情境，达到提高学生细节描写能力的目的。

二、策略举要

1. 问卷调查

为了了解学生的细节描写写作情况，我们开展了问卷调查活动，主要面向七年级学生。此次问卷由课题组设计制作，由10道选择题、2道叙述题构成，问卷及数据调查结果归纳如下。

（1）关于作文细节描写情况调查问卷统计（两个班）（见下表）。

作文细节描写情况调查问卷统计表

问题	选项	人数	占比
1.你喜欢写作文吗？	喜欢	26	38.2%
	不喜欢	18	26.5%
	无所谓	24	35.3%
2.你知道什么是细节描写吗？	知道	19	27.9%
	不知道	20	29.4%
	知道一些，不太清楚	29	42.6%
3.你写作文的短板在哪些方面？	构思	14	20.6%
	细节	10	14.7%
	书写	9	13.2%
	多方面	35	51.5%
4.你了解细节描写的作用吗？	了解	39	57.4%
	不了解	29	42.6%
5.你有没有摘录美文细节描写的习惯？	经常积累	24	35.3%
	偶尔积累	29	42.6%
	从来没有	15	22.1%
6.你在写作中有细节描写的经验吗？	有	35	51.5%
	没有	33	48.5%
7.在课堂上教师注重细节描写的教学吗？	注重	46	67.6%
	不注重	21	30.9%

问题	选项	人数	占比
8.教师的细节描写教学方式是否能够有效提升写作能力？	有效	25	36.8%
	一般	29	42.7%
	无效	14	20.6%
9.你期望一周写几次作文？	一次	37	54.4%
	多次	18	26.5%
	不写	13	19.1%
10.你对每次写的作文是否满意？	满意	31	45.6%
	不满意	37	54.4%

（2）非选择问卷调查。

① 你对写作中的细节描写有什么建议？

相对于上述调查问卷，非选择问卷的有效份数为51份，其中有一半学生对细节描写的建议是多读书、多积累，其他学生多建议注意观察，注重心理、环境等的描写。

② 你认为情境教学在细节描写上能够发挥怎样的作用？

对于这一问题，学生了解得更少，收回的问卷中只有42份是有效的，并且答案各异，其中有一半学生认为情境教学可能在情感激发上来促进学生的细节描写，还有学生认为情境教学能够将自己带入场景之中，以仔细观察来实现细节描写。

2. 教学实践

甘伟英老师情境体验作文课《捏核桃》（见图1）。

图1　公开课图片

黄文慧老师上"抓住细节，描绘细节"录像课，结合电影《小鞋子》创设情境，让学生观察细节、描绘细节、体会人物描写（见图2）。

图2　学生上课情景

三、成果展示

1. 课题成果

在初中语文写作教学中，学生普遍反映出来的一个问题就是缺乏对于细节的描写，这一现象已经成为语文写作中学生的共性问题，学生写出来的作文不是空洞，就是千篇　律，缺乏个性和创新，尤其是对于细节的描写泛泛而谈。许多教师对此进行了探讨和研究，但没有取得显著的效果，为解决这一问题，笔者从情境教学的角度出发来谈谈对于细节描写教学的几点看法。

（1）激发兴趣，让细节描写成为习惯

兴趣是基础，是学生自主学习的必要前提。要让学生进行细节描写练习，首先要激发他们对于写作的兴趣，而激发兴趣的有效途径之一就是创设情境。七年级的学生经过小学阶段的学习，具有了一定的学习基础和学习能力，但是初中生的写作实践能力也需要教师的培养和自身的努力。情境教学能够让学生在情境的刺激下提高写作兴趣。有了情境，学生就有了思维的空间，就能在思维空间中自由地想象和发挥，主动思考、主动阅读、主动练习。因此在进行细节描写教学时，教师可以为学生创设他们感兴趣的情境，以此来激发他们的写作欲望。在欲望的驱使下，学生习惯于捕捉细节的描写练习，细节描写的能力自然就有了保障。

（2）细致观察，让细节训练成为常态

情境教学的方法常常从细致的观察入手，通过大量的观察来为学生展现一场场富有美感、意境广远的情境。学生对于这个世界的认识大多浮于表面，而学生对世界的认识又取决于他们对于表象认识的积累广度和深度，因此，教师要组织学生去观察这个世界，深入生活、社会、自然等场景中去认识和理解我们的环境。学校象牙塔式的教学使得学生的作文毫无新意，而走进生活和自然的文章则会生机勃发。例如，让学生置身于丰富多彩的大自然中，观察花朵的绽放，触发他们的灵感，捕捉花朵绽放的细微变化，培养学生思维的敏捷性，这样写出来的细节才会生动、才会精彩。以细致的观察让学生多角度、多侧面地训练，学生写出来的文章必会小中见大、细中见情、平中见奇。

（3）模拟情境，让细节描写再现眼前

在情境教学中，教师可以通过模拟情境的方式将学生生活或者学习中发生过的事情再现在眼前，或者让一些距离学生生活较远的事情出现在学生的现实生活中，由此引发学生的思考和感悟，再通过描述场景来还原细节，达到细节写作的目的。例如，对于七年级学生来说，教师可以设置一些虚拟的招聘面试场景，让学生亲自体会一下招聘的情形，这类情境对学生来说或许较陌生，但是可以让他们通过描述一些面试中的细节来发现自己身上存在的不足，同时也能够发现自己的闪光点。作文的写作可以让学生描绘自己的心得体会，浮现自己的心理动态变化，也可以让学生细致形象地描绘这一别开生面的招聘会。

（4）课题对师生的影响

课题研究使学生的成绩得到了提高，更重要的是使学生领悟了写作的技巧，让写作变得不再困难。学生作文水平有所提高，参加征文比赛均有获奖。课题研究提高了实验教师的课堂教学能力和教育科研水平，甘老师和袁老师的情境体验课受到科组教师好评。

细节决定成败，细节描写是衡量中学生写作能力的重要标尺之一，关注学生的细节描写能力，从七年级开始奠定细节写作基础，让细节为文章增添一分色彩。

2. 课题思考

受课题组研究水平、研究时间、研究经验的限制，本研究仍存在一些不足和值得反思之处。

（1）调查时间较短，样本容量较小，样本代表性不是很强，原始资料保存不够好。

（2）教学实践的探索深度有限，还没有形成体系。

总之，我们会不断努力，继续探索。

注：该篇为黄文慧老师主持的课题"创设情境提高七年级语文细节描写能力研究"结题报告（有改动）。

记叙文写作水平提升策略研究

珠海市三灶中学　陈玉荣

纵观八年级学生，作文写作能力普遍不高，"没话写""不会写""写不好"仍是困扰他们的三大难题。细究原因，不外乎以下几种。

（1）受新教材编排意图的影响和教师专业素养及教学能力等的限制，实际教学过程中，教师不重视学生的作文，不会上、不敢上、怕上作文课的教师比比皆是。

（2）因教师不够重视，学生平时训练的机会减少。

（3）学生虽有了一定的阅读能力，但因缺乏具体指导和系统训练，思想中缺乏读写结合的意识，只读不写、喜读怕写、读写分离现象严重。正如著名特级教师丁有宽所说："读写结合，相得益彰；读写分离，两败俱伤。"

（4）教师的指导理论性强，缺少具体的实例，或是实例为学生不熟悉，难以理解，导致学生掌握了理论性的方法技巧却无法灵活运用。学生作文没有条理，不懂得如何谋篇布局，常常是记流水账或满篇空话、套话。

基于上述种种原因，此课题的确立与研究将把八年级学生从面临的写作困境中解救出来，变"没话写"为"有话写"，变"不会写"为"我会写"，变"写不好"为"能写好"；同时课题的确立与研究也能促使教师进一步钻研学生、语文课程标准、新课改理论及文本，对提高教师的业务能力和教学水平有很大的促进作用。

一、理论依据

理论依据是新课程改革关于遵循学生身心发展规律和语文学习规律，选择教学策略的理论。只有让学生更多地直接接触语文材料，并且将阅读与写作紧密相连，互为促进，才能让学生掌握语文运用规律，触摸到语文学习的脉搏所在。

二、策略举要

（一）问卷调查

为了了解学生写作的实际情况，在调查前期我们设置了调查问卷，现结合调查问卷所得的数据进行分析。本次问卷调查针对作为实验班的七（5）班和七（4）班展开，共下发103份调查问卷，收回有效问卷103份。具体数据如下。

附：

学生调查问卷

1. 语文学习中，你觉得最难的板块是什么？［单选题］

选项	小计	比例	
A.基础	2		1.94%
B.文言文	27		26.22%
C.现代文阅读	38		36.89%
D.作文	36		34.95%
本题有效填写人次		103	

从上表的调查结果来看，作文和现代文阅读是学生目前语文学习困难比较大的两个板块，其中认为写作困难的占了34.95%。

2. 你对你目前的写作现状满意吗？［单选题］

选项	小计	比例	
A.非常满意	0		0
B.满意	14		13.59%
C.一般	65		63.11%
D.不满意	24		23.30%
本题有效填写人次		103	

上表的调查数据显示，没有任何学生对目前写作的状态是非常满意的，满意的只占13.59%，而不满意的却占了23.30%。

3. 你每学期写几次作文？（　　　）[单选题]

选项	小计	比例	
A.0~3篇	9		8.74%
B.4~6篇	68		66.02%
C.7~10篇	22		21.36%
D.10篇以上	4		3.88%
本题有效填写人次		103	

从第3题的数据可以看出，大部分学生每学期只完成4~6篇作文，极少数能完成10篇以上。这说明学生写作的自觉性不够，教师对作文教学的把控还有所欠缺。

4. 你的作文有过被老师当作优秀范文的例子吗？[单选题]

选项	小计	比例	
A.经常	1		0.97%
B.有时	13		12.62%
C.偶尔	21		20.39%
D.从不	68		66.02%
本题有效填写人次		103	

这个调查其实很残酷，经常被老师当作优秀范文的1%都不到，66.02%的学生是从来没有过的。这反映了优秀学生的写作不稳定，大部分学生写作难以突破。

5. 你的语文老师重视作文课吗？[单选题]

选项	小计	比例	
A.非常重视	28		27.19%
B.重视	60		58.25%
C.一般	15		14.56%
D.不重视	0		0
本题有效填写人次		103	

上篇　课题篇

6. 你认为学习课文对写作文影响程度如何？[单选题]

选项	小计	比例	
A.影响很大	14		13.59%
B.有一定的影响	74		71.85%
C.影响不大	11		10.68%
D.没有影响	4		3.88%
本题有效填写人次	103		

　　调查显示，绝大部分学生还是能意识到学习课文对写作是有影响的，但也有少数学生认为学习课文对写作是没有影响的，还有10.68%的学生认为学习课文对写作影响不大。这说明学生对课文学习与写作的关系理解并不深刻。

7. 你对老师布置的作文态度是（　　　）。[单选题]

选项	小计	比例	
A.按时完成	77		74.76%
B.有时完成	22		21.36%
C.不催不做	3		2.91%
D.催也不做	1		0.97%
本题有效填写人次	103		

　　这个表格反映出大部分学生能按时完成作文，但是还有21.36%的学生是有时完成。这是一个很大的数据，显示了作文对学生的困扰。

8. 除了老师布置的作文外，你还写其他的文字吗？（　　　）[单选题]

选项	小计	比例	
A.不写	17		16.51%
B.偶尔写	55		53.40%
C.经常写	16		15.53%
D.没时间写	15		14.56%
本题有效填写人次	103		

9.你对作文的态度是（　　　）。［单选题］

选项	小计	比例	
A.很感兴趣	19		18.45%
B.兴趣不大	71		68.93%
C.几乎谈不上兴趣	10		9.71%
D.很害怕作文	3		2.91%
本题有效填写人次		103	

这个调查显示，68.93%的学生对写作兴趣不大，甚至有2.91%的学生很害怕作文。

10.你觉得自己目前的写作状况如何？（　　　）［单选题］

选项	小计	比例	
A.有很大困难	14		13.59%
B.有点困难	84		81.55%
C.没有困难	4		3.89%
D.不清楚	1		0.97%
本题有效填写人次		103	

这个表格显示出"有很大困难"的比例比"没有困难"的比例高出10%左右。

11.作文时，你遇到的最大困难是（　　　）。［单选题］

选项	小计	比例	
A.审不准题，不知如何立意作文	28		27.18%
B.没什么可写的东西	50		48.54%
C.有话说不出	17		16.51%
D.老一套，没有意思	8		7.77%
本题有效填写人次		103	

这个调查显示，大部分学生畏惧作文主要是因为没什么可写的东西，还有27.18%的学生连审题立意都有困难。

12. 你觉得自己的写作能力得益于哪个方面？（　　）［单选题］

选项	小计	比例	
A.学习课文	11		10.68%
B.阅读中考优秀作文	32		31.07%
C.写作课	38		36.89%
D.平时的练笔	22		21.36%
本题有效填写人次		103	

这个调查显示，大部分学生提高写作水平主要得益于教师的授课和阅读中考优秀作文，认为得益于学习课文的仅有10.68%，由此看出，学生并没有理解课文才是最好的范文，对课文学习的理解还不够深入。

13. 在写作时，你对教材中的事例、语言片段、典故、思路结构、写作技巧等（　　）。［单选题］

选项	小计	比例	
A.经常借鉴使用	19		18.45%
B.借鉴使用不多	53		51.46%
C.几乎没有借鉴使用过	16		15.53%
D.想不起来，即使想起来也不知道如何借鉴使用	15		14.56%
本题有效填写人次		103	

这个表格显示了学生对课本的借鉴，"经常借鉴使用"的与"几乎没有借鉴使用过"的以及"想不起来，即使想起来也不知道如何借鉴使用"的比例几乎是持平的。

14. 你们平时的作文训练呈序列化吗？（　　）［单选题］

选项	小计	比例	
A.没有序列，每次作文训练关联性不大	24		23.30%
B.以不同文体的写作能力训练为序	37		35.92%
C.以写作能力训练为序	37		35.92%
D.以中考命题的形式为序训练	5		4.86%
本题有效填写人次		103	

针对回收的调查问卷，我们简要分析学生的答案。从这14道调查选择题中不难发现存在以下几个问题。

（1）写作依旧是困扰部分学生的难题，而这部分学生最主要的问题又表现为"无话可写"以及不懂得如何审题立意。

（2）学生对于如何提高写作水平是盲目的，主要的方式是通过教师的授课和阅读优秀的中考作文。

（3）大部分学生对作文没有浓厚的兴趣，基本上处于完成任务式的写作，很少有坚持自己写作的学生，甚至有些学生连完成教师布置的作文都有困难。

（4）大部分学生对学习课文对写作的影响理解并不深，殊不知，课文就是最好的范文、最好的素材。

（二）组织访谈

为了进一步了解八年级学生的作文写作现状及写作心理，我们组织了几个作文写作层次不同的学生进行访谈实录，以进一步了解学生在写作方面的困惑。

访谈一：

访谈时间：2017年9月18日。

访谈方式：面对面。

被访谈人：八（5）班赵思琪。

访谈内容：

问题一：你觉得目前写作方面最难的是什么？

答：我觉得是我的作文立意不深，不知道如何在平凡小事中写出深刻的主题。

问题二：你需要语文老师给你提供怎样的作文指导？

答：我希望语文老师能具体地评讲我的每一篇作文，特别是在点题方面进行指导。

问题三：你尝试过一些具体的方法提高你的写作水平吗？

答：会，但是比较少吧，我主要就是看一些优秀的作文，但是感觉帮助不大，当时觉得别人写得特别好，但自己还是写不出来。

问题四：你尝试过从课文中找灵感，学写作技巧吗？

答：老师引导之后会，但是理解不深，觉得那都是大家之笔，学不来。

访谈二：

访谈时间：2017年9月21日。

访谈方式：面对面。

被访谈人：八（5）班沙灵嫣。

访谈内容：

问题一：你觉得目前写作方面最难的是什么？

答：我觉得我没有素材可写，不知道写什么，好像就是妈妈送我去医院哪、给我送伞哪……但是老师又建议我们不要写这种，所以每次就觉得没东西可写。

问题二：你需要语文老师给你提供怎样的作文指导？

答：希望语文老师多给我们讲一些生动的事例吧，这样作文能有点可写的东西。

问题三：你尝试过一些具体的方法提高你的写作水平吗？

答：会啊，就是每次都会去读同学们的优秀作文，自己也看作文书之类的，但是感觉他们写的事情我没经历过。

问题四：你尝试过从课文中找灵感，学写作技巧吗？

答：很少吧，不知道学什么，课文都那么长。

被访谈人：八（4）班林国贤。

访谈内容：

问题一：你觉得目前写作方面最难的是什么？

答：我觉得我不知道怎么写，经常就是记流水账，说口水话，要么就字数不够。

问题二：你需要语文老师给你提供怎样的作文指导？

答：希望语文老师多跟我们讲一下写作的技巧吧，什么首尾呼应、结尾点题之类的。最好是有具体的例子，不然听不懂。

问题三：你尝试过一些具体的方法提高你的写作水平吗？

答：比较少吧，就老师推荐给我们看的优秀作文会看一看。

问题四：你尝试过从课文中找灵感，学写作技巧吗？

答：没有，不知道学什么。

访谈总结：我们抽取了优生、中等生、学困生三个层面的学生进行访谈，发现学生写作的难题各有不同，优生的问题主要是作文的立意不深，而中等生的问题主要是欠缺素材，学困生问题比较大，基本的写作技巧都没有掌握。但是，三个层面的学生都反映出来的问题是对课文的学习借鉴不够。

（三）借鉴与仿写

1. 借鉴立意，以小见大

立意是写好作文的关键。广东省中考作文的评分标准第一条就是"立意明确，中心突出"，那么，什么是立意呢？简单来说，立意就是文章的中心思想。平凡的事例，很容易流于表层，缺乏思想性和深度。要做到立意深刻，我们在确立主题的时候就要尽量避开大家都知道的浅显的道理，而是要写自己独特的感受、独到的见解。这种感受和见解需要透过现象看本质，对所写事物认真观察、反复思考，在平凡的小事中挖掘深刻的道理，做到以小见大，细微处见真情，给人以启发和鼓励。例如，部编版教材七年级上册第二单元第6课莫怀戚的《散步》，这篇文章就以"散步"为线索，通过一家三口散步这件小事，表达了作者对亲情、责任、生命的思考。写作过程中我们也可以借鉴这种写法，选取某件特定的小事，引发大的思考，如通过一个老人与一只小猫相依为命，突出对"养老问题""空巢老人问题"的思考。

2. 借鉴线索，叙事清晰

记叙文是以记人、叙事、写景、状物为主，以写人物的经历和事物发展变化为主要内容的一种文体形式。因为形式灵活，记叙文在日常写作和历年中考中都比较受中学生青睐。在写作过程中，不管是写人为主还是记事为主都离不开叙事，叙事是否条理清晰关系到整篇文章能否成功。那么，怎样才能使自己写的记叙文有条理呢？那就是写事件时必须有一个顺序的暗示，以一条明晰的线索贯穿全文，将众多事件有机整合起来，表达一个鲜明而集中的主题。当然，叙述时切勿面面俱到，能表现主旨或人物形象的多写，否则少写或不写，以突出主要事件或人物。教材中比较方便学生学习、借鉴的是部编版教材七年级上册第二单元第5课史铁生的《秋天的怀念》。文章回忆了三次看花的经历：第一次，母亲要带"我"去，"我"不答应；第二次，母亲要带"我"去，"我"答应了，母亲却不能同去；第三次，"我"和妹妹一起去。虽说几件事相隔时间很久，但因为有"看菊花"这一事件巧妙贯穿，甚至还运用了插叙的叙述方式，并不影响文章的整体性和叙事的条理性，所有事件都围绕伟大而无私的母爱展开，主题鲜明而集中。同时"我"对母亲的思念之情，深情流露，非常感人。例如，蒋仪同学写的《那一夜花香四溢》就借鉴了这篇文章的写法，以"茉莉清香"为线索，写了母亲种花、浇花、护花、泡茉莉花茶的事情，表达了母亲对"我"的浓浓爱意。

3. 借助波折，写出波澜

俗话说："文似看山不喜平。"写作时要抓住引发事件的多种要素，在情节的处理上设置一点障碍，多一点小矛盾，从而达到一波三折、引人入胜的效果。例如，部编版教材八年级下册第一单元第1课鲁迅先生的短篇小说《社戏》，第二部分一开头就写道："我在那里第一次盼望的，却是到赵庄去看戏。"好不容易日期到了，却租不到船，这是"一折"。吃饭之后伙伴们高高兴兴地讲戏，只是"我"不开口。忽然双喜想出办法可以看戏了，但外祖母和母亲又怕都是孩子们不可靠，去不得，这又是"一折"。最后双喜写了"包票"，伙伴们说情，终于可以去看戏了。紧接着波澜再起，戏并没有预想的那么好，那老旦直唱得大家昏昏欲睡，是又"一折"。于是大家决定掉船回家，便有了下一情节——偷豆，从而有了童真童趣的愉悦，把故事推向高潮。小说从想看戏不得到能看戏而不愿看，从失望而归再到归途偷豆，情节跌宕起伏，让人回味无穷。在写作中，我们也可以学习这种方法，让作文在一波三折的情节中引人入胜。例如，景鉴同学写的《难忘的一件事》：去买馒头，只剩下最后半笼——自己全部买下，一位叔叔想让我匀几个——我羞涩地匀了几个馒头就紧张地跑了——结果跑错了方向，倒回来本想着不要让那位叔叔发现——然而却看见叔叔把馒头丢在了地上，内心很愤怒—— 一位衣衫褴褛的老者捡起馒头狼吞虎咽，旁边还有一杯豆浆——那位叔叔远远地躲着，温和地对我微笑……事情在波折中动人心弦。

4. 仿写抑扬，突出人物

欲扬先抑是文章构思的一种重要方法。欲扬先抑的"扬"，是指褒扬、抬高；"抑"，是指按下、贬低。简单来说，作者对要歌颂、赞美的人或物，不从褒扬处落笔，而先是按下，从相反的贬抑处落笔，去贬低、抑制，甚至否定。在多变的情节中，形成波澜起伏，造成鲜明对比，表达出作者强烈的情感，给读者留下深刻的印象。写作中我们应如何运用欲扬先抑写法呢？抑处落笔，抑其浅表，在运用欲扬先抑构思时一定要注意抑少扬多，"抑"的部分要侧重从外貌、习惯、态度等方面入手，不要触及人物的品质。"抑"是悬念，起铺垫作用，为"扬"蓄势。例如，部编版教材七年级下册第三单元第9课鲁迅先生的《阿长与〈山海经〉》一文，开篇就先贬抑阿长，一个不知道姓名的长工，长得黄胖而矮，喜欢切切察察，睡觉时摆"大"字，有很多烦琐的规矩，等等；最后对她给"我"买来了《山海经》进行褒扬，突出了"我"对阿长的敬意，从而使人物形象更加丰满。写作时，要注意对人物不是随便地"抑"，而是要与后文的"扬"相关。例如，张婷同学写的《"太后"》，开篇极力刻画物理老师的"凶"，以突出"太后"之威名，接着笔锋一转，用详细的事例刻画物理老师给"我"讲题时的温和以及对"我"循循善诱、耐心鼓励，突出了物理老师表面上特别凶，如"太后"般威严恐怖，却对学生关爱有加，如严父，如慈母。

5. 借鉴情感，引发共鸣

《文心雕龙》中说："感人心者，莫先乎情。"记叙文要以情动人，切忌矫揉造作、无病呻吟，融入真情实感，才能够打动读者。部编版教材八年级上册第二单元第6课朱德元帅的《回忆我的母亲》，文中不管是写人记事的语言还是抒情议论的语言都饱含感情。例如，"这在母亲心里是多么惨痛悲哀和无可奈何的事情啊！"不仅写出了母亲的心酸，也突出了自己对母亲的理解。再如，结尾"愿母亲在地下安息"更是直抒胸臆，表达了"我"对母亲的感激、怀念之情。我们在写作文的时候也应该书写真情，融入真情实感，以引发读者情感共鸣。例如，赵思琪同学写的《开在我心中的一朵花》，寄情于事，由"妈妈督促我练琴"这一生活场景展开叙述，从自己最初的"饱含戾气"到最后的"我才注意到那张疲惫、劳累的脸庞，那双布满血丝的眼眸，那枯瘦的双手"，真实地再现"我"的心理变化过程，抒发对母亲的理解、对母爱的理解。

三、成果展示

初中语文作文教学借助课本提高八年级学生记叙文写作水平的策略研究，其效果是欣喜的。

1. 课题对学生的影响

（1）研究进行一年来，比较始测成绩，实验班的检测成绩与对照班相比有所提高，特别是作文优势越来越明显。以下是两个学年的期末考试成绩（见表1至表4）。

表1 七年级上期末考试成绩（始测成绩）

班级	七（3）班	七（4）班	七（5）班	七（6）班
任课教师	周本济	周本济	陈玉荣	陈玉荣
作文分数	35.67	34.83	36.19	36.87
总分数	73.75	73.23	80.92	80.46

表2 七年级下期末考试成绩

班级	七（3）班	七（4）班	七（5）班	七（6）班
任课教师	周本济	周本济	陈玉荣	陈玉荣
作文分数	32.87	34.09	35.38	33.92
总分数	83.48	85.74	90.49	90.11

表3 八年级上期末考试成绩

班级	八（3）班	八（4）班	八（5）班	八（6）班
任课教师	周本济	周本济	陈玉荣	陈玉荣
作文分数	34.83	35.78	36.61	35.10
总分数	78.70	78.63	86.39	82.57

表4 八年级上期中考试成绩（末测成绩）

班级	八（3）班	八（4）班	八（5）班	八（6）班
任课教师	周本济	周本济	陈玉荣	陈玉荣
作文分数	36.87	37.44	37.76	36.58
总分数	72.38	73.57	75.51	73.15

（2）通过实验，不仅学生的成绩得到了提高，更重要的是学生领悟了写作的技巧，让写作变得不再困难，实验班的学生是我们开展课题以来最大的受益者。

2. 课题对教师的影响

（1）提高了实验教师的课堂教学能力和教育科研水平。

主持人陈玉荣老师参加课题以来，共执教课题公开课三节，其中2016年6月执教的"走一步，再走一步——如何写清一件事"被评为2016—2017

年度部级优课。撰写了论文《他山之石，可以攻玉——巧借课文写出华章》一篇。

实验教师周本济老师在备课组活动中执教的"在记叙文中学会运用细节描写"，获得了一致好评。

（2）教师的能力得到不同程度的发展。

通过开展课题研究，小组每个成员的专业水平不断成熟与发展，并在不断探索研究的过程中体验到了职业的幸福；在课题研究活动中我们倡导团队精神，注重集体智慧，因此成员之间协同一致、相互配合、互相支持，参与实验的教师充满激情地自我学习、自我实践、自我反思，实现了自我超越，让课题组更加充满生机与活力。

注：该篇为陈玉荣老师主持的课题"借助课本提升八年级学生记叙文写作水平策略的研究"结题报告（有改动）。

多媒体运用于写作的策略研究

珠海市金海岸中学 孙 月

开发"看电影·听歌曲·学写作"精品课程，将多媒体运用于写作，用学生所喜爱的电影、歌曲作为写作教学的媒介，可以给予学生更宽松自在的环境，让学生能够自由表达、畅快表达，释放生命的活力。因此在课程实施过程中，我们多选择优秀的电影、歌曲，与学生的阅读生活相连接，拉近教学与学生的心理距离，激发学生的学习兴趣。同时，我们设计开放性、多样化的习作练习，释放学生的选择空间，尽量满足学生个性化表达的需求。

一、理论依据

1. 坚持"以学生为本"的课程价值取向

满足学生的学习需求，促进学生的发展是所有课程的根本宗旨。相对于国家课程以学生的普遍性学习需求为基础而言，校本课程在一定程度上更能立足于学生的个体差异来满足学生的学习和发展需求。因此，本次选修课程开发将充分发挥校本课程的优势，坚持"以学生为本"的课程价值取向，注重发展学生个性，让他们在轻松愉悦的环境中充分展示自己，实现精神上、思想上的自由，彰显生命活力；注重综合能力的培养，让学生在获取知识、提升人文素养的同时，了解自我，发展潜能，主动探索与创新，学着尊重关怀、团队协作，学着有序地规划组织与实践。

2. 激发生命活力，鼓励自我表达的课程目标

教育家叶澜说："让课堂焕发出生命的活力。"充满生机、彰显生命的课堂是教师永远的追求。生命在于体验、在于表达、在于交流，能够情真意切、自主自由地自我表达，能与他人分享自己的思想是生命活力的体现。

如今学生的生活比较单调，课业压力让学生整天围绕着冰冷的知识、机械的训练打转，学生的活动范围也普遍固定在家里、学校、补习班三点之间，这在一定程度上削弱了学生生活的丰富性，限制了学生的生活体验，不仅让学生远离了自然界和周遭环境，就连学生的内心世界、情感世界也越来越单一。因而，本课程从学生的兴趣和心理特征出发，选取题材多样、富有生活性的中外优秀电影、歌曲，以求开阔学生视野，丰富学生情感体验和审美体验，并营造自由轻松的学习环境，让学生有"话"想说，有"话"可说，有"话"就说，让学生在自我表达中认识生活、认识自我、发展自我、积极创造，彰显生命活力。

3. 倡导自主、合作、探究、应用的学习方式

《义务教育语文课程标准（2011年版）》中提出："学生是学习的主体。语文课程必须根据学生身心发展和语文学习的特点，爱护学生的好奇心、求知欲，鼓励自主阅读、自由表达，充分激发他们的问题意识和进取精神，关注个体差异和不同的学习需求，积极倡导自主、合作、探究的学习方式。语文学习应注重听说读写的相互联系，注重语文与生活的结合，注重知识与能力、过程与方法、情感态度与价值观的整体发展。综合性学习既符合语文教育的传统，又具有现代社会的学习特征，有利于学生在感兴趣的自主活动中全面提高语文素养，有利于培养学生主动探究、团结合作、勇于创新的精神，应该积极提倡。"因而，本次选修课程将"自主、合作、探究、应用"作为学生的主要学习方式，并尝试与"互联网+"接轨，运用微课、平板、ForClass教学系统等手段来辅助实现这一学习方式。

4. 构建灵活、开放、循序渐进式的课程结构

心理学认为，每个学生都是独立发展的个体，不同年龄阶段的学生的心理发展不同，同一年龄阶段的不同个体心理发展也不相同。因而，本次选修课程的整体课程结构将以学生的心理发展特点为基础，以学生的能力水平为导向，参照义务教育初中语文课本体系进行设计，努力形成科学、合理、循序渐进式的内容框架，在具体教学中多以活动渗透教学内容，最终呈现一个全面、系统、螺旋上升的"看电影·听歌曲·学写作"校本课程，尽可能满足不同学生的需求，着眼于时代的发展需求，形成稳定而又灵活的实施机制，不断地自我调节、更新发展。

二、策略举要

（1）情境创设，具体包括听曲想象情境，观色梳理情节，观影创设情境；观图创设情境。

（2）素材分类，按照作文常写的亲情、理想、挫折等主题进行分类，积累影视、歌曲素材，以便在作文中使用。

（3）写作手法，分为人物描写，环境描写，修辞手法，写作顺序，电影的开头、结尾等专题。

（4）多样写作，通过学写海报、歌词、剧本、影评、时事新闻等方式来落实本课程的理念。

教师积极尝试使用视听资源进行作文教学，分为写作情境的创设、写作素材的积累、写作手法的借鉴、多样的写作课四个部分来形成系统。

三、成果展示

1. 课例类

（1）孙月老师的课例"记叙中的描写和抒情"被评为2016—2017年度"一师一优课"省级优课。

（2）孙月老师的课例"写人要抓住特点"获金湾区首届"互联网+教育技术"应用大赛一等奖。

（3）汪福义老师承担的区级公开课"作文教学片段写作指导"受到好评。

（4）孙月老师的课例"人物的心理描写"被评为2015—2016年度"一师一优课"市级优课。

（5）孙月老师题为"记叙中的描写和抒情"的说课在2017年珠海市"班班通教育资源平台应用竞赛"现场说课比赛中获市二等奖。

（6）汪福义老师执的教市级公开课"观察描写——作文片段练习"获得好评。

（7）李琛老师的课例"照片一张张，课堂喜洋洋——运用多媒体技术改进作文讲评课的初步尝试"荣获第五届全国中青年教师优质课大赛三等奖。

（8）向芬芳老师的课例"让社会新闻为文章添彩"作为优秀课例送课到云浮。

（9）黄文慧老师的课例"抓住细节，描绘细节"在第七届全国初中语文教师教学基本功展评优秀课例评比活动中荣获一等奖。

（10）孙月老师于2017年11月15日为云南省贡山县跟岗骨干教师上了题为"写人要抓住特点——以《西游记》形象刻画为例"的展示课获得好评。

（11）孙月老师的课例"写人要抓住特点"被第三届中小学数字化教学研讨会评为二等奖。

（12）谭蓉老师在金湾区学校对口帮扶阳江市阳东区学校送课活动中，在阳东区东城学校展示的公开课"记叙中的描写和抒情"获得好评。

（13）孙月老师的微课"写人要抓住特点"在2018年金湾区初中语文智慧课堂教学（微课制作）竞赛中荣获一等奖。

（14）孙月老师的微课"内容要具体——记叙文写作指导"在2018年金湾区初中语文智慧课堂教学（微课制作）竞赛中荣获二等奖。

（15）2019年3月27日，孙月老师在红旗中学录播室为金湾区、高栏港经济区教师执教"一波三折写故事"的区级公开课。

（16）2020年，汪福义老师的网课课例"让作文的语言美起来""言为心声——写出人物个性化语言"，孙月老师的网课课例"有创意地表达"，李琛老师的网课课例"学写对联"受到广泛好评。

2. 论文类

（1）孙月老师的论文《"互联网+"环境下的初中作文教学探索》在广东省教育学会教育评价专委会2017年度学术年会论文征文中荣获一等奖。

（2）汪福义老师的论文《农村初中作文教学的困惑及对策》发表于《师道》杂志。

（3）孙月老师的论文《"互联网+"环境下的初中作文教学探索》在金湾区首届"互联网+教育技术"应用大赛——"科大讯飞杯"应用论文大赛中获一等奖。

（4）黄文慧老师的论文《创设情境依托课文捕抓细节——提高七年级细节描写能力研究》荣获珠海市教育教学论文评比三等奖。

（5）黄文慧老师的论文《随"境"潜入"心"，润物细无声——提高学生细节描写能力的有效方法探究》在金湾区2017年优秀教育教学论文评比中荣获二等奖。

（6）孙月老师的论文《"互联网+"环境下的初中作文教学探索》在第三届中小学数字化研讨会上被评为二等奖。

3. 其他类

（1）汪福义、孙月、王堃老师的相关区级课题"通过'观察·描写'来提高农村初中生记叙文能力的研究"于2017年10月10日顺利结题。

（2）2018年4月10日，孙月老师作为四会市骨干教师金湾跟岗学习培训班做客教师，进行了《看电影·听歌曲·学写作》的专题讲座。

（3）孙月老师申报的课题"视听资源在初中写作教学中的运用研究"获批珠海市教育科研"十三五"规划第三批（2018年度）立项。

（4）孙月老师在珠海市智慧教育创新ICT教学法巡讲活动中主讲了《数字化教学在中学语文中的应用》，分享了"看电影·听歌曲·学写作"与数字化教学的融合。

（5）孙月老师在2017年度学术年会暨论文颁奖大会上做了《"互联网+"时代为教师发展带来的新契机》的主题报告，分享了"看电影·听歌曲·学写作"的课程研究。

（6）孙月老师辅导谢俊杰同学在金湾区2018年安全生产征文比赛中荣获优秀奖。

（7）汪福义老师辅导学生刘敏婷、方斯茵参加2017年金湾区举办的"践行十九大精神　同筑中国梦"征文比赛中获三等奖。

（8）学校语文科组在2017年珠海市基础教育"好科组"评审活动中荣获初中组"好科组"荣誉称号。

（9）黄文慧老师在金湾区2018年安全生产征文比赛中荣获"优秀指导老师"称号。

（10）黄文慧老师指导的学生作品《奋进吧，少年》在2018年举行的第十二届"人教杯"名著阅读创意成果评选活动中荣获一等奖。

（11）向芬芳老师在三灶镇2017年举办的中小学生"文明伴我行"征文活动中荣获"优秀指导老师"称号。

四、课题思考

运用影视、歌曲资源进行作文教学时，我们需要注意以下几点。

1. 注意传统教学与视听资源的有机结合，使两者优势互补

正确认识视听资源的优势与劣势，明白视听资源只是一种辅助教学的手段，脱离了教学内容，便没有意义。不能以看电影、听歌曲代替语文教学，必须让学生明确教学目标，所以传统教学的优势仍然需要发挥。教师仍处于教学的主导地位，绘声绘色、引人入胜、富有情感的讲解和分析对语文课堂十分有益且必要。学生仍是学习的主体，该启发提问的仍要提问，该互动交流的仍要交流，教师上课的激情不能减少，肢体语言、板书仍需要。视听资源内容应根据教学需要来制定和整合，整合可以有多重模式，但不要过于花哨，淹没重点，抛弃细致的研究，坚持适时、适量和适度的原则。

2. 教师加强学习，定期维护、整理、更新视听资源内容

视听资源的制作不能一劳永逸，要定期对其进行维护，不断整理、更新、充实视听资源的内容，使资源内容不断改进与完善。课前还要花大量时间备课，对授课形式和内容进行深入细致的思考，并对视听资源去芜存菁，加以整合剪辑，处理好教学与视听资源的自然衔接，以求达到最佳效果。

同时，教师应自觉提高自身影视、歌曲欣赏水平，掌握影视、歌曲艺术的一些表现手法和专用词汇，只有这样，才能对学生进行适时的引导与教育，让视听资源的内容一方面作为主流文化的有益补充，成为语文学习的重要资源；另一方面帮助学生提高文化修养和个性品质。我们应当珍视社会和时代给予我们的这份馈赠，紧跟时代，贴近学生，让语文教学跟上时代的节拍，走近学生的心灵。

3. 感性直观与想象思维能力的平衡统一

在运用视听资源的具体操作过程中，教师不能仅仅要求学生观看画面，记住画面中的人物与内容，听歌曲的旋律，而应在观看前就明确提出要求与目标，将生动的画面与真实感人的场景、歌词内涵作为学生激发思维、产生丰富联想、寻找独特视角与形成写作动力的手段和媒介，这样便可使感性直观的事件与理性的思考结合在一起，以"看""听"作为起点，"思"为目的，"写"是结果，从而既避免作文教学"老师布置题目、学生写作完成"一成不变的呆板，也避免了作文课成为电影、歌曲娱乐课的尴尬。

注：该篇为孙月老师主持的项目"看电影·听歌曲·学写作"结题报告（有改动）。

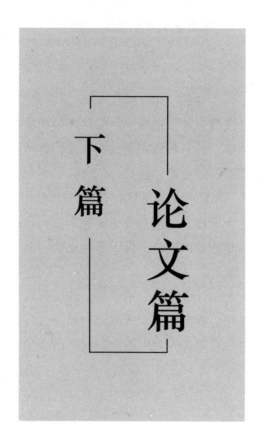

下篇　论文篇

巧借旁批助自读

——以《安塞腰鼓》为例

珠海市金海岸中学　金培忠

　　统编版教材的自读课文如何把握？目前存在两种倾向：一种是完全作为讲读课文进行分析阅读；另一种则完全放任自流，教师不去引导。编者的目的当然是希望学生能够自己去读，但是，"自读，不是学生随心所欲、各取所需的'自由'阅读，而是一个有目标、有计划的训练过程"[1]。因此，教师在自读过程中不能无所作为，应当善于引导学生。自读课文中的旁批是教材编者意图的体现，是重要的助读工具，重在点拨引起思考，教师可以巧借课文旁批帮助学生自读。

　　以《安塞腰鼓》为例，课文是刘成章先生的经典名篇，文章诗一般展示了陕北高原的民俗民风以及高原人奔放雄健的精神气质，展示了激荡的生命和磅礴的力量，表达了作者对安塞腰鼓及安塞人由衷的赞美之情。这篇散文入选统编版教材语文八年级下册第一单元，是一篇自读课文。

　　课文有四处旁批：①"沉稳而安静"，蓄势待发。②"从沉静陡然转为热烈"，体会那种动态。③"好一个安塞腰鼓"在文中重复多次，注意体会其作用。④最后一句话营造出一种怎样的意境？体会结尾的妙处。

　　这四处旁批分别从内容点评、情感把握、文章写法等方面进行提示，我们可以利用文中旁批，巧妙地提炼、整合、拓展，引导学生自主走进文本深处，达到授之以渔的目的。

一、巧借点评，引入自由朗读，感受安塞腰鼓

　　《安塞腰鼓》中开头的旁批"沉稳而安静"，是对后生们神情的描写，

也是对他们不做作、不招摇、不浮耀的生命的礼赞，为后面的表演蓄势。第二处旁批"从沉静陡然转为热烈"承接开头的旁批，渲染动态之美，抒写饱满的生命激情。

笔者结合开头部分的旁批，引导学生进行自由朗读，先是读出静的感觉，而静中又蕴含有动，在转入动态之时，则读出热烈、激昂的节奏与情感，学生们于自由朗读中自然融入了那种生命的力量。笔者鼓励他们含着这样的感情，为激昂的生命继续作注。学生于自读中写下了自己的感受，如读到"使人想起：落日照大旗，马鸣风萧萧！使人想起：千里的雷声万里的闪！使人想起：晦暗了又明晰，明晰了又晦暗，尔后最终永远明晰了的大彻大悟"处有学生旁批：丰富的联想和想象，增加文章的内涵。读到"容不得束缚，容不得羁绊，容不得闭塞。是挣脱了、冲破了、撞开了的那么一股劲"处有学生旁批：尽情释放，酣畅淋漓。而"交织！旋转！凝聚！奔突！辐射！翻飞！升华"处加注旁批：语句铿锵、气势强劲等。

创设这种自由朗读的情境，营造一种阅读的氛围，其实是激发学生内在的动机。"着力思考并解决某个问题，可以给人们带来一种确定的、极为愉快的情感状态，这种愉快的体验本身就是一种目的，正是这种目的推动人们去思考。"（汤姆森）这样巧借旁批，有利于把握文章语言、内容、情感等，让学生体会自由朗读的愉悦，于感受安塞腰鼓之中培养他们的自主阅读能力。

二、不断追问，引导自主品读，融入安塞腰鼓

课文第三处旁批"'好一个安塞腰鼓'在文中重复多次，注意体会其作用"。"重复多次"表明很重要，具体有哪些作用呢？可以从追问内容和结构上的作用方面引导学生自主品读。

笔者注重在加强朗读中不断进行追问。先是提出"好一个安塞腰鼓"在文中出现了几次？（明确：4次）每一次的朗读是否有变化？（明确：层层递进，直接把情感推向高潮）那么该怎么读呢？

接着继续追问"好一个安塞腰鼓"在结构上有什么作用？"好一个安塞腰鼓"到底"好"在哪里？文章仅仅在写安塞腰鼓吗？

这样的追问，可以引导学生自主品读，赏析本句运用的修辞方法，把握蕴含的情感，进而融入安塞腰鼓之中，体会文章歌颂生命的主旨；这样的旁

批，串起了对文中语言的品析、朗读的指导、内容的理解、主旨的体会，可谓一举多得。

此处旁批就是一个"主问题"，针对"主问题"进行适当追问，这种引导式的提问，强调激发学生的学习热情和内在潜能，引发学生的积极思维，引导学生"善问"。以问题意识来推动学生阅读，可以培养学生自主探究能力，达到培养学生自主阅读能力的目的。

三、深入思考，引发拓展创读，走出安塞腰鼓

还有一类旁批以问题的形式呈现，启发学生思考。抓住这种旁批并进行研究性思考，有利于培养并提升学生研究性阅读能力。

课文第四处旁批在文章的结尾："最后一句话营造出一种怎样的意境？体会结尾的妙处。"最后一句是"耳畔是一声渺远的鸡啼"。通常的理解：以"鸡啼"反衬寂静，表现一种"静"的氛围，这样由静到响，再由响到静，文气起伏跌宕，结构回环完整。

是否仅止于此呢？可不可以引导学生做深入的思考？"鸡鸣"是天亮的标志，是新生活的开始、新希望的象征。安塞的茂腾腾的后生一阵擂鼓，震醒了安塞所有的人，震醒了黄土高原所有的人。如此看来，这篇散文的写作目的可以是"歌颂生命中奔腾的力量，表现了黄土高原上的人们冲破束缚，过上幸福生活的愿望"。

可不可以向更深处思考呢？文中的"晦暗了又明晰，明晰了又晦暗，尔后最终永远明晰了的大彻大悟"可以截取一段历史来理解：清朝末年，中国何处去，我们"晦暗"了，孙中山推翻了封建社会，我们看到了前进的方向，"清晰"了……"文化大革命"中我们又"晦暗"了，党的十一届三中全会确定了"改革开放，'以经济建设为中心'"的方向，我们又清晰了，文章发表于1986年《人民日报》，那是改革开放取得伟大成果的年头。这里的"鸡鸣"是不是可以寓意改革开放的春天的到来？

因为寻找到了改革开放这条正确的道路，安塞人民从此开始了新的生活，有了新的希望。那么本文的主题就可以理解为"作者是通过写安塞腰鼓，表达了对改革开放的热情讴歌"。

这样的思考旨在让学生走出安塞腰鼓，开阔视野，进行拓展创读。这种研究性思考，可以促使学生努力去探索和掌握科学结论，从而更好地发掘智

慧的潜力，调动学生思维的积极性，激发学生发现的兴奋感、自信心和学习的兴趣，培养学生研究性阅读的能力。

"旁批的设置是为了给学生的自主阅读适时地提供一些'拐棍'或引发一些思考。"[2]教师如果能正确引导学生关注旁批，巧妙借助旁批引导学生进行深入思考，则可带动学生的思维，培养学生的自主阅读能力，真正实现"教是为了不教"。

参考文献

[1] 钱梦龙.导读：从"教"通向"不教"之桥 [J].语文教学通讯，2017（8）：7-12.
[2] 王本华.构建以核心素养为基础的阅读教学体系：谈统编语文教材的阅读教学理念和设计思路 [J].课程·教材·教法，2017，37（10）：35-42.

下篇　论文篇

巧设新课导语　讲究导入艺术

珠海市红旗中学　甘伟英

"引、议、讲、验"的教学模式中，"引"是第一个步骤，俗话说："好的开端等于成功的一半。"导语是教学的重要环节，它会直接影响教学的效果。成功的导语，如同缓缓拉开的大幕，让学生一眼就看到精美的置景；犹如乐章的序曲，使学生一开始便受到强烈的感染；又像是打开了殿堂的大门，引导着学生竞相登堂入室，因此在语文课教学中，要重视课堂导入艺术。

一、设置悬念引发深思

于漪老师在讲《孔乙己》时先讲了这么一段话："据鲁迅先生的朋友说，鲁迅先生对他的小说中的人物，最喜欢的是孔乙己。鲁迅先生为什么喜欢孔乙己呢？他是以怎样的神工鬼斧之笔来塑造这个苦人儿的形象的呢？你们认真读课文以后，就能得到答案。有人说，古希腊的悲剧是命运的悲剧，莎士比亚的悲剧是主人公性格的悲剧，易卜生的悲剧是社会问题的悲剧，那么，鲁迅写孔乙己悲惨的一生，是命运的悲剧、性格的悲剧，还是社会问题的悲剧呢？我们学完课文以后，可以得到正确的答案。"这样不围绕课文内容本身，而借课题以外的与课文有关联的某些内容发问，巧设悬念，由远而近，引入新课，不仅过渡自然，而且所述问题正是学习《孔乙己》的一些本质问题，即塑造孔乙己形象的创作方法和孔乙己这个形象的典型意义。

二、歌曲导入调动情绪

人类语言有国度之分，可音乐却无国界。音乐能让人心态放松、心情愉快，能让人心绪紧张、心结沉重，能让人有所想、有所悟，能让人喜上更喜、悲至更悲。

歌曲导入法指教师选择与教材内容密切联系的歌曲作为开场导入新课内容的一种方法。例如，教学《愚公移山》时巧妙地融入流行歌曲《愚公移山》MTV片段。又如，教学《散步》时，笔者运用《吉祥三宝》歌曲导入，这首歌曲欢快明朗，一家人和谐幸福的情景非常符合《散步》的内容，充分调动了学生轻松愉快的情绪，能体现出一家人和谐、温馨、幸福的主题。运用歌曲导入，所选歌曲必须与教材有密切关系，同时歌曲本身必须健康有益，有利于培养学生素质，不能纯粹地追求趣味性。

三、创设情境唤起共鸣

教师用生动的语言进行直接描绘，或借用幻灯、录音、录像制造一个美妙情境，可以唤起学生的情感共鸣，使学生产生一种求知的急切感。例如，教学《沁园春·雪》时，首先用幻灯或录像展示出一幅气势磅礴的莽莽北国雪景图，让学生从视觉、知觉、感觉等多角度进入情境，感受雪景带给人的辽远的意境。撤去画片，让学生闭目、静思、凝神，然后播放诗歌上阕的录音，学生通过文字构筑图画，使原先留在脑中的图像得到充实和深化，进入诗中描绘的意境。最后导入：1936年冬天，伟大领袖毛主席在延安看到了这幅雪景，写下了一首千古绝唱，这就是我们今天要学的《沁园春·雪》，让我们一起来看看这位伟人是如何描写雪景，怎样抒发情怀、评古论今的。

四、故事导入专注实效

故事导入法指教师利用学生爱听故事的特点，先叙述一个与课文内容相联系的生活实例或故事（科学发现史的典故、逸事、寓言、笑话等），以诱发学生的想象力和思维活动，使学生产生学习新课兴趣的一种导课方式。运用故事导入，增强了学习的趣味性，引发了学生的学习兴趣，使学生的注意力高度集中；把抽象的或枯燥的内容变得生动形象，使学生接受起来更为容易。应该注意的是，故事内容必须紧扣教材内容，宜短不宜长，能说明问题即可；及时引导学生分析，适时转入新知识的教学环节。

例如，教学《马说》时，一上课笔者就讲《伯乐相马》的故事，学生听得津津有味，其中讲到了伯乐脱下自己的衣服盖在千里马身上，千里马低下头吐气，又抬起头来长鸣，嘶叫声直达云霄。笔者问："你们知道马想表达什么吗？""这是千里马感激伯乐对它的了解和体贴。"这个故事告诉我们，伯乐对于千里马是多么重要！课文运用借物喻人的写作手法，借千里马难遇伯乐，最终被埋没，揭露封建统治者埋没人才的现象，也表达作者怀才不遇的愤懑。

这样引入，学生很快就掌握了文章中心。

营造适合教学活动的情感氛围，具有认知功能和审美功能。当情感与知识的双向交流处于极致时，学生的认知能力也发展到极致，教师的教授能力也得到最大限度的发挥，会产生忘我的精神状态。上述例子即通过多媒体辅助手段，再现教材提供的情境，激发学生的情感体验，使他们置身于特定的情境中，有一种身临其境的感受，从而深刻体验教材内涵之美。

谈初中语文课堂中学生人文素养的培养

——以《从百草园到三味书屋》的读写训练为例

珠海市小林中学　叶　梅

《周易·彖传》曰："刚柔交错，天文也。文明以止，人文也。观乎天文以察时变，观乎人文以化成天下。"由此看来，所谓人文，即教化天下之意。[1]

《义务教育语文课程标准（2011年版）》提出："语文课程为学生形成正确的世界观、人生观，形成良好个性和健全人格打下基础。""工具性与人文性的统一，是语文课程的基本特点。"基于如上解释，语文教学中语文素养的形成与人文教育是统一的，教学应该把握语文课程的性质，将人文主题因素渗透于语文教学之中。[2]

人教2011课标版语文教师教学用书七年级上册的单元说明中明确提出以下单元目标（见下表）。[3]

各单元目标内容

	第一单元	第二单元	第三单元	第四单元	第五单元	第六单元
单元目标	感受课文中丰富多彩的景物之美，激发对大自然、对人生的热爱	感受和理解各篇课文所展示的亲情，唤醒和丰富自己的亲情体验。同时深化理解，尽量读出亲情之外的感情内涵	了解多姿多彩的学习生活，感受他人的学习智慧，获得人生启示	理解作者对生活的思考，体味不同的人生，学会思考人生，珍视生命	关爱动物，善待生命，学会与动物和谐相处	感受奇思妙想，体验想象的力量，扩大自身的视野

人教2011课标版语文教材以"人文主题"与"语文素养"双线组织单元结构，在设定单元目标时又将"人文主题"放到了"语文要素"的前面，既强调语文与生活的联系，促进学生形成正确的价值观、人生观，又保证语文综合素养的培养与训练。

初中语文教材蕴含丰富的人文素材，挖掘并合理地利用其人文意蕴，以课堂为主渠道，营造良好的课堂氛围，恰当地运用教学策略，以达到培养人文素养的目标，这是语文教育工作者应用心思考的方向。

本文以七年级上册人教版第三单元阅读课文《从百草园到三味书屋》中第2自然段的景物描写为例，谈谈如何在语文读写课堂中进行人文因素的渗透教学。

一、细读文章，从遣词造句中发现人文情趣

不必说碧绿的菜畦，光滑的石井栏，高大的皂荚树，紫红的桑椹；也不必说鸣蝉在树叶里长吟，肥胖的黄蜂伏在菜花上，轻捷的叫天子（云雀）忽然从草间直窜向云霄里去了。单是周围的短短的泥墙根一带，就有无限趣味。油蛉在这里低唱，蟋蟀们在这里弹琴。翻开断砖来，有时会遇见蜈蚣；还有斑蝥，倘若用手指按住它的脊梁，便会啪的一声，从后窍喷出一阵烟雾。何首乌藤和木莲藤缠络着，木莲有莲房一般的果实，何首乌有臃肿的根。有人说，何首乌根是有像人形的，吃了便可以成仙，我于是常常拔它起来，牵连不断地拔起来，也曾因此弄坏了泥墙，却从来没有见过有一块根像人样。如果不怕刺，还可以摘到覆盆子，像小珊瑚珠攒成的小球，又酸又甜，色味都比桑椹要好得远。

——鲁迅《从百草园到三味书屋》

"百草园""荒园""乐园"，只三个词语便道出了童年的无限意味和韵味，第2自然段中的景物描写的精彩可见一斑。

本段从景物入手，描绘出了几种自然景物，这些景物按怎样的组织顺序？学生从朗读中寻找答案，通过讨论分析，不难得出答案：从高到低，又从低到高的顺序；从植物写到动物，从静态到动态的描写；还有就是通过多种感观来描绘百草园的景物，如视、听、味、触等觉。从写作手法而言，这是很成功的。

但这样并不够。接下来，请学生再细读文字体味，特别注意对物体描述

时使用的定语如"光滑的""肥胖的""轻捷的"等词语，找出其中有什么特点。词语本身并不难理解，要求学生从儿童的角度再去看这些词语，点拨之后，学生也很容易发现，其实语言充满着童真童趣。而这种从文字中慢慢渗透出来的童真童趣才是本段文字最为成功的地方。这恰好是七年级学生最容易产生共鸣的地方。

如果说百草园是个"荒园"，但是"荒园"中的一切一切在作者眼中都如瑰宝，所以才成了"乐园"。为什么？这样的讨论让学生很感兴趣。有的学生认为，失去的东西都是美好的，虽然以前并不觉得如何，但现在没有了，总觉得难忘。有的学生说，像这样有吃有玩，小孩子一定会常来常往的，因为孩子都是很天真无邪的，没有压力的天空到处都是乐园。也有的学生说，对比三味书屋来说，百草园的自由是作者更向往的，而正是这种自由的心态，才让百草园变成了乐园。还有的学生说，百草园里，作者可以随意地翻刨拔摸，任性地做自己想做的事，看自己想看的，探索未知才是作者最惬意的事情，所以百草园最适合了……其实真正的乐园应该是什么，我想在这场热烈的讨论中大家都一一明了。

虽说这只是关于景物描写方法的学习，但其中所体现的人文精神——自由天真、对未知世界的探索精神，不也更深入学生之心了吗？

二、片段作文，从思考感悟中培养人文精神

若说语文只是阅读，那一定会缺少点什么。同样，在学习了本段的景物描写的方法后本节课还安排了一个小练笔，要求写片段作文：《那一片风景》。有了对"百草园"的思考与讨论为基础，片段作文不难成文。

甲同学写道："那天下午，我独自来到海边。海风吹乱了我的发型，前面的刘海不止一次地扎进我的眼眶，我无奈地用手按住了刘海。谁知，风依然吹来，竟然还带着沙子，我只好眯着眼睛，使劲地挤出大滴的眼泪，顺便带出那烦人的沙子。我用手擦去眼泪，心里怨恨着这烦人的风。为避免再次受伤害，我干脆放下了头发，闭上了眼睛，任凭风吹打着头发，洗刷着我的脸庞。呼呼，呼呼，头发拍打过来，脸上渐渐传来了阵阵麻意，我突然觉得世界开始安静了下来……"

与其说这是写风，更不如说写的是心情，作者从烦忧中学会了适应，并从中体会到安静的心灵。通过文字表达情感，甲同学从风的角度解读了

人生。

乙同学写道："她说她要离开，我不想告别，独自回到学校。校道上，雨已经飘起来了。一阵风吹来，挟着几片飘落的树叶，在我面前扬起，落下，又扬起，又落下，落在了我脚下。我注视着那片落叶，明晃晃的黄，在灰色的水泥地上特别显眼。我想着它终于飞不起来了，我想给点嘲笑的眼神，抬脚过去，还没到达，它又飘了起来，飞到了更远的地方。落叶永远向着远方，树又何必挽留？"

落叶永远向着远方，树又何必挽留？同样，朋友的告别或许是伤感的，但离别更是为了再次相逢。乙同学从树的胸怀中思考人生。

在景物中加入自己的思考与感悟，实际便是从人文角度去解读人生，思考社会和畅想未来。写作这场思辨锻炼了学生多角度认识问题的能力，帮助学生树立正确的人生观、价值观，这样的学习难道不是有效的人文素养的形成吗？

三、贴近学生，从潜移默化中形成人文素养

如果说课堂上学生是主体，那么教师便是课堂的灵魂。教师作为课堂教学的组织者和实施者，个人的情感素质和教育活动将直接影响学生人文素质的培养。教师在课堂中体现出亲切、耐心、宽容、公平、尊重的态度，欣赏每一个学生，尽可能地公正对待每一个学生，将更有利于学生人文素质的培养。

例如，在关于"百草园是否是乐园"的讨论中，就有学生会说其实百草园之所以会成为乐园，最主要的原因是那个时代没有游戏，没有电视，没有游乐场。就一节好课而言，这样的回答一定是教师所不喜欢的，超出了教学预设范围。但如果在课堂中忽略这样的声音或强行否定，那么学生在下次回答问题时必定会有所顾忌。其实游戏与电视正是充斥学生生活的最主要诱惑，沉迷于此的学生必然无法体会其他的乐趣，但如果教师正视这种情况并从兴趣与爱好的角度着手进行引导，将会有事半功倍之效。

当学生提出来这个问题时，我的处理方式是来一场说辩就辩的辩论：当百草园遇上了网络游戏。让学生自由组合成正方与反方，自由辩论。在辩论过程中，把网络游戏的利弊陈述得一清二楚，再把百草园的自然魅力说个淋漓尽致。虽然最终这场辩论无法分出高下，但在辩论过程中，自然的美好与

网络的虚幻本质——呈现，或者说有时自然更适合我们，但是游戏也有游戏的魅力，如何取舍，相信学生心中自有分寸。这样的课堂，还会担心学生们不喜欢，不敢说出自己的真实想法吗？

在课堂上，教师要引导每位学生勇敢地发言，表达自己的真实感受，不为了优秀的回答而选择学生，尽可能关注到不同学生群体的真实想法，不以主观意愿去肯定或否定学生的思考。教师以身作则，努力营造一个宽松思考的氛围，学生才能放下包袱主动思考。长期下去，学生的人文素养自然形成。

初中语文课堂教学对学生人文素养的形成是一个长期的过程，这需要教师有更多的智慧与积累。若能充分发挥教师优势，有针对性地对学生进行人文素养的培养，使学生建立正确的人生观、世界观，建立较高的思想道德水平，将更有效地促进学生综合素质的形成。

参考文献

［1］唐明邦.周易［M］.武汉：长江文艺出版社，2015.

［2］中华人民共和国教育部.义务教育语文课程标准（2011年版）［M］.
    北京：北京师范大学出版社，2012.

［3］温儒敏.语文教师教学用书（七年级上册）［M］.北京：人民教育出
    版社，2017.

下篇 论文篇

九年级课外文言文有效教学的研究

珠海市金海岸中学　李　琛

文言文是中华民族几千年语言文化的精髓，文言文教学承担着传承发扬中华民族传统文化的重任，但由于时间久远，文言文使不少学生读之声弱、考之色变。文言文教学是语文教学的"重灾区"，多少年来，教师一直采用简单的教学方法，逐字逐句地"啃"文言文。学生则坐在课堂里，做着忠实的"听众"，一字不落地将教师所讲的内容记录下来。其结果是学生除了可以勉强应付考试以外，文言文能力根本没有得到培养与提高。[1]

随着初中语文新教材的出版使用，文言文比例加重，语文课程标准对文言文教学及评价都提出了较高的要求，更加大了文言文教学的难度。九年级是初中的最后一个年级，学生面临着升学考试的压力，这个阶段的文言文学习又有新的特点。课外文言文是学生在课堂上没有接触过、在考场上初次面对的文章，如何帮助学生掌握课外文言文的阅读方法，帮助学生提升课外文言文解读能力，值得我们研究。

随着时代的发展，教育界提出"有效教学"的概念。"有效教学"的本质是让学生在细分目标上获得具体的进步或发展，不能理解为"花最少的时间教最多的内容"。学生在具体的细分目标上的进步发展是衡量教学有效性的唯一指标。我们在九年级课外文言文的教学中引入这一概念，希望能在文言文教学的研究方面做出一些探索。

一、初中课外文言文目前的教学困境形成的原因

1. 文言文自身的特点

文言文与现代文不同。面对现代文，学生可以通过文字了解主题。面对

文言文则不同，如果不了解特殊的词法、句法现象和古代的文化传统，学生就无法真正理解文意，更无法与作者的意趣产生共鸣。初中阶段有大量的文言知识需要记忆和理解，浩如烟海，渺无头绪，很多学生付出了很多努力仍然感觉内心茫然，不能很好地评价自己的学习效果。[2]

2. 学生的文言文基础薄弱

由于缺乏科学的文言文学习方法，缺乏对文言文的学习价值的认识，阅读量不够，学习迁移能力较差和学习意志不强，较多学生在文言文学习上表现出主动性不够、兴趣缺失等问题，存在畏难、抵触和依赖的心理，其结果就是文言文基础薄弱。

3. 教师对有效教学的认识不足

部分教师思想观念没有转变，教学观念比较落后：首先是目标单一，教学目标只定位在字词句的解释和翻译上；其次是教法僵化，介绍作者和时代背景后，逐词逐句串讲，讲完后再做内容分析、中心归纳。缺少迁移，以读懂一篇课文为目的，认为课文讲完了，文中所有文言句子学生会翻译了，教学的目标也就达成了。[3]

上述这些问题的存在，不利于提高学生文言文阅读能力，它造成了文言文教学的"少、慢、差、费"，学生学习情绪低落。要改变这种现状，给文言文的课堂教学注入生机，就要把"有效教学"的观念融入文言文的教学尤其是九年级的文言文教学中来，真正"培养学生阅读浅易文言文的能力"。[4]

二、初中课外文言文有效教学的实践策略

1. 明确考试重点，确定学习方向

2019年广东省考试大纲对学生提出要求：①理解浅易文言文中常见文言词语的意思。②翻译浅易文言文中的句子。③理解浅易文言文的基本内容。④领会浅易文言文中作者的写作意图。课标要求学生：阅读浅易文言文，能借助注释和工具书理解基本内容。

通过研究近3年课外文言文的中考试题，我们发现了中考出题的部分特征，并制定出一些对策，力求在此基础上进行有效教学的研究：①选文是写人记事类（如马援、狄青）（类型明确，可以重点关注）；②字数在200字左右（字数不多，应该静心细读）；③分为词语、句子、文意理解3道题，共9分，1道选择题，2道非选择题（形式明确，专项练习有助于提高成绩）。

2. 课外文言文的核心学习方法

有人提出："课外文言文学习，读懂文本是前提。"这句话当然是对的。如果学生能读懂文中每一个词、每一句话，那么全文意思的理解就不成问题。但是这可能不能够完全实现，就算是老师也不敢说自己能将所有课外文言文的"每一个词、每一句话"都读懂。我们试着用"有效教学"的细分目标法将课外文言文的阅读要点逐层设定为学习目标，带领学生进行有针对性的学习，争取让学生做到"胸有成竹，心里有谱"。[5]

首先，学生要对人名、地名、官爵名、职业名等专有名词及其省称、句中位置等信息敏感，要特别牢记主要人物的相关信息。例如，近年中考课外文言文实例：狄武襄公青——武襄公狄青（句中信息：人名、官爵名，敬称对方时两种信息呈现出的位置关系）；马援少时，以家用不足辞其兄况，欲就边郡田牧——（马）况（人名承前省）；敦之举兵也，颛不与言——（王）敦、（周）颛（人名承前省）。学生必须对这个重要的核心学习方法牢记在心，形成条件反射。这是"有效教学"的第一层级目标。教师可以通过多次圈画课外文言文中人名、地名、官爵名等专有名词及其省称，点名学生回答来强化这一层级目标的学习。这是课外文言文阅读和答题最重要的前提。

其次，在复习阶段让学生明白，学好课外文言文的根在于学好课内文言文。"要以学习外文的方法去学习古代汉语，强调记生字，还要背诵，把它记得很熟。"这是著名语言学家王力先生指出的文言文学习途径。学习古代汉语最重要的是词汇，分层级练习，牢记相关词汇，这是"有效教学"的第二层级目标。教师通过带领学生复习课内文言文，专项考查学生对课内文言文词汇及其衍生义掌握的程度，阶段性地进行学生素质提升，初期指定局部板块（如以课文篇目为单位）进行练习；中期联合多个板块综合练习，如通过"通假字""古今异义""词类活用"等多个专项练习来提醒学生归纳和记忆文言词汇特点；后期设置文白对译活动，让学生运用文言知识对现代汉语进行"复古"训练，提高学生的学习兴趣，也促使学生在语言活动中再次巩固重难点词汇的意思，加深理解，使学生通过多个步骤，分层打牢这一阶段的基础。学生在这一阶段要存储海量知识，与以前的教学法相比，它的特点在于不再仅仅是以课文为单位进行复习，而是会多次数、多角度地进行考查和训练。

在此基础上，开展第三层级的"有效教学"。向学生提供与中考形式相仿的写人记事类200字左右的文言文，明确设置词语、句子、文意理解共9分的3道题。完全按中考出题模式设置，学生当堂做，教师当堂讲，精练精讲，有的放矢。出题和讲题都扣合前面两个层级的核心要求，反复提醒学生注意人名、地名、官爵名、职业名"四大专有名词"，提醒学生通过重要词汇去理解文意，感受和把握文章情感倾向。对考题的研究是这一层级的核心，以词语选择题为例，我们来看看有效教学的实施策略。作为课外文言文考试的第一题，顺利做好词语选择题不仅能帮助学生得到3分，更可以提振学生的答题信心。兵家所谓的"慎重初战，首战必胜"说的就是这个道理。教师要提醒学生一定要用谨慎而又充满信心的心态对待该题的学习。在此通过一次课堂实录对此做一点解释。

［2017年中考题］下列各组句子中，加点词语意思相同的一项是（　　）。（3分）

（给学生赋时2分钟，请他们在卷面上写出每个画线词的意思，把能做的先做出来）

A. 是时西边用兵/当是时，妇手拍儿声

这个时候/这个时候（出自课文《口技》）

B. 常被发面铜具/能面刺寡人之过者，受上赏

面带/当面（出自《邹忌》）

C. 士大夫翕然称之/往来翕忽

一致/迅疾（出自《小石潭记》）

D. 匹夫之勇，不足尚也/风力虽尚劲

尊崇/还（出自《满井游记》）

这道题目设置的特点：选项中的两个相同词语，一个来自选文，没有见过；另一个来自教材，一定学过。将学过的词义代入另一个句子中，说得通则意思相同。

［2018年中考题］下列各组句子中，加点词语意思相同的一项是（　　）。（3分）

（同样赋时2分钟，让学生力求写出每个加点词的意思，把能做的先做出来）

A. 敦之举兵也/傅说举于版筑之间

兴起/被推举（出自《生于忧患死于安乐》）

B. 直入不顾/直截了当

径直、一个劲儿地/直接、不拐弯（出自成语）

C. 颐（yǐ）不与言/客从外来，与坐谈

和、同/和、同（出自《邹忌讽齐王纳谏》）

D. 南北之望/望尘莫及

名望/看见（出自成语）

这道题目设置的特点：用作参照的词语来自生活中的成语。

［2019年中考题］下列各组句子中，加点词语意思相同的一项是（　　　）。（3分）

（赋时2分钟，让学生写出每个加点词的意思，把能做的先做出来）

A. 以家用不足辞其兄况/蒙辞以军中多务

辞别/推托（出自《孙权劝学》）

B. 遂之北地田牧/能以径寸之木

到/的（出自《核舟记》）

C. 穷当益坚/益慕圣贤之道

更加/更加（出自《送东阳马生序》）

D. 闻隗（wěi）嚣好士，往从之/客从外来，与坐谈

跟随/由、自（出自《邹忌讽齐王纳谏》）

请学生思考：

（1）面对答案，"一词多义"部分你的正确率如何？

（2）要提高正确率可以做哪些事？

（3）做完"一词多义"并对好答案，对后面的"迁移"练习是否有帮助？

要点小结：

（1）对人名、地名、官爵名等专有名词及简称敏感。

（2）牢记王力先生的话，明白学习文言文的核心就是记忆、积累。

（3）掌握出题模式：前句选文来自课外，后句词语或成语来自教材。

用代入法解答选择题是一个捷径，前提是熟知教材上的课内文言词语、成语的意思。这种考查形式"看似考课外，实则考课内"，再次向学生强调课内基础是最重要的。

附：

课堂练习：

1. 大家用15分钟的时间，在课堂完成《万唯·文言文阅读》第107～109页的"一词多义"部分。

2. 完成后，与参考答案进行核对。

3. 用3分钟的时间，完成"点对点迁移"部分的练习并核对答案。一定是先快速做完再去核对。错误部分马上纠正，并思考原因。

课后练习：

学习资料中选取了95个高频出现的课内文言词语和成语，分12组呈现，用于学生们系统练习词义辨析题。

课后作业：

熟记《万唯·文言文阅读》归纳出的高频出现的课内文言词语、成语。

三、结语

"有效教学"是近年来提出的教学新概念，在九年级课外文言文的教学实践中，我们对其进行了初步的探索。通过分析文言文本身的特征，明确中考对文言文考查的要求，我们初步确定了九年级课外文言文"有效教学"的"谱"，教师按"谱"教，学生按"谱"学，大家心神安定，对文言文学习有了新的认识，希望以此为突破口，继续深入挖掘文言文教学技术手段，进一步提升课外文言文阅读教学质量。

参考文献

[1] 庄丰石.初中文言文教学方法研究与实践思考［D].上海：华东师范大学，2009.

[2] 周瑾.新课程背景下的中学文言文教学策略研究［D].成都：四川师范大学，2011.

[3] 赵明亮.当前农村初中文言文教学的现状与对策［D].扬州：扬州大学，2011.

[4] 王清清.初中语文新课改与文言文教学［D].开封：河南大学，2011.

[5] 潘树钺.关于初中语文文言文教学策略的探析［J].试题与研究，2020（7）.

下篇 论文篇

实践创作由怕而爱

——课外文言文阅读创作激发文言文学习兴趣谈

珠海市金海岸中学　　宋启芹

文言文带着情思风雅从历史中走来，文质彬彬，睿智添香，可是学生却避之唯恐不及。陌生化的表达方式及相对久远的时代，文言文似乎就是那雾中的花、水中的月，朦胧而不可触摸，加上学生现代语法知识不够扎实，文言文学习起来难上加难。对大部分学生来说，文言文是枯燥的、无趣的、让人头疼的，甚至是令人惧怕的。文言文中众多的一词多义、古今异义、词类活用、通假、各种虚词及特殊句式，需要大量积累才能慢慢见到成效，积累的过程让不少学生失去信心。文言文的琐碎、晦涩，让很多学生望而却步，直接影响学习的积极性与主动性。

心理学上有"习得性无助"一词，意思是较长时间不见成效，会影响继续进行的勇气与信心。课外文言文阅读尤其是测试面前，学生相对被动，百十字的文章想要顺畅读下来并理解大意并不容易，更何况还要准确理解词义、句子及内容。这很容易让学生产生挫败感，从而导致学生继续学习动力不足、兴致不高。鉴于此，激发学生文言文学习兴趣，调动学生文言文学习的积极性就变得异常重要。如何让学生在文言文学习的过程中避免"习得性无助"，尽快有学习的收获、见到学习的成效呢？

首先，学生要掌握课外文言文阅读的方法，掌握方法可以助力课外文言文的学习。这些方法有勾连法、语境推断法、字音推断法、字形推断法、组词法、句式推断法、语法分析法等。阅读课外文言文，勾连起课本中要求掌握的重点词句、现代生活中依然在用的成语，包括组词法，把古代与现代联系到一起，从而产生亲近感，再充分运用字音、字形、句式、语境，品读出词义，成就感就产生了。在此基础上整体把握文章，与文中那些品格高尚的人对话，接受熏陶，完成自我提升。所以，在平时接触到的比较多的课外文言文中，教师可以选取几篇精讲，课外文言文的精讲跟课内文言文的精讲，效果是不一样的，这就突出了"用"，在实践中检验所学。通过所带两个班的教学实践，笔者发现学生的兴致还是比较高的。

　　"学习文言文，兴趣是根，朗读是本，活用是魂。"在寻求到突破口后，关于文言文的"用"还有另外一个途径，那就是创作，利用课内课外所学所积累的重点字词进行文言文段的创作，这个方法对学生积极性的调动是直接而有效的，这样的训练内容对学生来说很新鲜，极具挑战性，完成尤其是修改好之后，成就感相当强。在具体操作中可以分成两大步：教师提供白话文，让学生翻译为文言文；教师提供重点字词句，让学生自创文言文段。这两个阶段的训练，学生参与的热情都很高，当然，这个过程中，教师要进行及时的反馈，尤其是第一个阶段，完全可以在课堂上与学生一起完成。第二个阶段，经过教师批改之后，可以选择创作中的优品与全班学生一起分享、一起朗读、一起感受"文""言"之美。笔者在精讲《宋濂尝与客饮》后，要求学生用"尝""撰""以""具""诚""然""间""耳""方""恶""既而""足""微"等全部或部分字词进行文言文段的创作，学生上交的作品字数最多的有500多字。自开展文言文创作活动后，学生的文言文学习热情明显高了很多，学习的积极性也提升了，而且在后来的"安全生产"征文比赛中，也有学生尝试了用文言文写作，他的学习尤其是文言文的学习可以说开启了新篇章。

　　新课标对中学阶段文言文学习的要求是："阅读浅易文言文，能借助注释和工具书理解基本内容。"要求并不高，勤加诵读，扎实积累，强化运用，文言文由书本而走进学生的大脑并活跃在学生的笔端，带着思考，带着收获的喜悦，开一扇窗，细品书香。

思维导图引路，提升阅读效率

——浅谈如何上好九年级文学作品阅读复习课

珠海市小林中学　刘 兵

　　《义务教育语文课程标准（2011年版）》在语文课程的基本理念中明确规定："语文课程应引导学生丰富语言积累，培养语感，发展思维，初步掌握学习语文的基本方法，养成良好的学习习惯，具有适应实际生活需要的识字写字能力、阅读能力、写作能力、口语交际能力。""语文学习还应关注个体差异和不同的学习需求，积极倡导自主、合作、探究的学习方式。"阅读是初中语文教学的重点，而文学作品阅读更是重中之重。

　　《义务教育语文课程标准（2011年版）》中提出，"要注重学生在阅读教学中的体验和感悟的理念"。从心理学的角度看，阅读是一个复杂的心理过程。现代心理学研究成果表明，阅读过程包含六种心理操作：发现——对文章信息的搜寻；识别——对文章信息的筛选；认同——对文章信息的转换；组建——对文章信息的改组；扩展——对文章信息的使用；记忆——对文章信息的储存。这一研究结果充分说明，阅读不是机械地、毫无创见地走马观花，而是要把阅读内化为自己的语言，通过建构，把输入转化为输出。阅读的过程必然伴有分析、比较、综合、概括、归纳、演绎、想象、联想等思维过程，而思维导图在阅读教学中的恰当使用能够帮助学生快速地将阅读材料中最重要的信息进行组织整理，从而进一步理解、分析文章，提升阅读效率。

　　传统的阅读教学中，学生思维的广度和深度并没有受到足够重视。因此，学生的思维是受限的。这样在阅读文本的过程中，学生对语句的分析不全面，对文段的理解不深刻，最终导致学生对文本内容理解不准确，尽管已经掌握了各类文学作品阅读高频考点的答题技巧与格式，但由于缺乏对文本的深入理解，答案漏洞百出，从而失分严重。思维导图作为一种辅助教学的图像思维工具，通过对色彩、图形与符号的合理组合以及关键词的有效提取，促进了学生发散性思维的增强，同时增加了学习过程中的趣味性。本文将以具体课例中思维导图的运用为例，浅谈如何巧用思维导图提高九年级文学作品阅读复习课的效率。

一、课前借助思维导图，做好有效预习

执教"巧用思维导图，厘清文章思路"时，要求学生认真阅读澳大利亚女作家泰格特的《窗》，然后完成以下结构导图（见图1）。

```
┌─────────────────┐        ┌─────────────────┐
│ 故事的线索是：   │  ┌──────────┐  │ 环境的概括：     │
│                 │  │ 微型小说 │  │                 │
│                 │  └──────────┘  │                 │
└─────────────────┘        └─────────────────┘

┌─────────────────┐        ┌─────────────────┐
│ 矛盾冲突是：     │ ┌────────────┐│ 人物有：        │
│                 │ │"紧"而"微"  ││                 │
│                 │ └────────────┘│                 │
└─────────────────┘        └─────────────────┘
```

图1　《窗》结构导图

紧接着，尝试画出小说情节的思维导图。几个步骤由浅入深，学生在老师的引导下快速厘清了故事情节（见图2）。

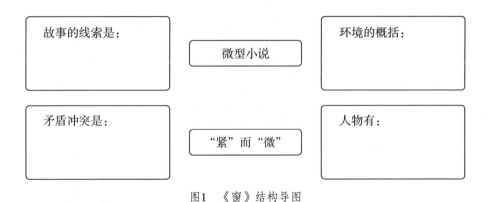

图2　《窗》情节导图［珠海市小林中学九（4）班　吴依慈］

课前布置学生以绘制思维导图的形式厘清文章思路，既可独立完成，亦可互帮互助，同时避免了学生在完成预习作业的过程中相互抄袭，促进了学生之间的沟通与合作。教师上课前通过查阅思维导图，便可对学生的预习情况一目了然，了解每个学生的学情，从而及时调整教学内容，为课堂内容重难点的确立提供依据。

二、课中巧用思维导图，激发学习主动性

执教"巧用思维导图，分析人物形象"是在深圳借班上课，学生是第一次接触思维导图，而笔者是第一次接触学生。幸而这节课是翻转课堂模式，学生在课前已经通过观看微课初步了解了绘制思维导图的方法。课堂上则是以思维导图一线贯之，从课前预习成果逐步延伸到课堂的思维导图绘制。以深圳2015年中考题《乡野高人》为文本，小组合作绘制思维导图，小组代表讲解自己的绘制思路，其他小组成员评价与补充，课堂气氛融洽而热烈，真正实现了"教师为主导，学生为主体"的"生本"课堂形式（见图3、图4）。

图3 《乡野高人》思维导图［深圳市东方外国语学校九（7）班　向依依］

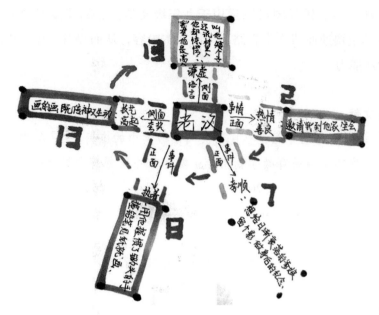

图4　《乡野高人》人物形象导图〔珠海市小林中学九（4）班　刘萍萍〕

三、课后沿用思维导图，巩固课堂知识点

执教"巧用思维导图，厘清文章思路"时，课堂上已经引导学生借助思维导图厘清了2015年广东省题《集中营的课堂》的故事情节，解决了传统阅读方式下张冠李戴、概括不完整等问题。课后布置作业，要求学生用同样的方式梳理2014年广东省题《怯懦》的故事情节，并完成相应习题。这样就能举三反一，真正实现知识和技能的迁移与运用（见图5）。

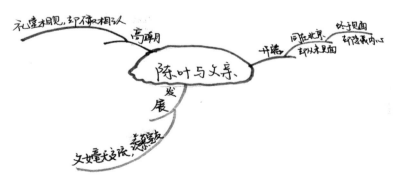

图5　《怯懦》情节导图〔珠海市小林中学九（3）班　刘嘉敏〕

综上所述，思维导图可以运用于九年级文学作品阅读复习课的各个环节，帮助学生快速厘清文章思路，理解文本内容，从而提升学生的思维能力与阅读理解能力。

参考文献

［1］胡耀宇.思维导图在初中语文阅读教学中的应用［C］// 中国教育发展战略学会教育教学创新专业委员会.中国教育发展战略学会论文集卷二——热点探讨2018.

［2］祝莹莹.思维导图在初中语文阅读教学中的实践探究［D］.上海：上海师范大学，2018.

［3］中华人民共和国教育部.义务教育语文课程标准（2011年版）［M］.北京：北京师范大学出版社，2012.

中考作文高分的法宝

珠海市红旗中学　甘伟英

中考作文要想获得高分，必须锤炼好标题、开头、形式、结尾。在此，笔者认为主要应从以下几个方面入手。

一、标题——龙眼

题目是文章的眼睛，是文章传递显要信息的重要部分。由于它居文章结构之首，所以题目的优劣会直接影响阅卷者对文章的第一印象。文章的标题就像龙的眼睛，眼睛有神龙会飞，标题有神文添彩。拟好标题的要求是简洁、新颖、生动、切合文意，能使人一看到标题就有读文欲望。那么，拟好标题的方法有哪些呢？

1. 巧妙运用修辞，锦上添花

灵活巧妙地使用修辞手法，能避免一览无余，让文题生动形象、精练紧凑、含蓄隽永，使文章锦上添花。例如，《我与自信签约》用拟人；《榜上无名，脚下有路》用对偶；《少年壮志不言愁》引用诗歌；《锅碗瓢盆交响曲》比喻新颖，过目难忘；《"五线谱"和他的五线谱》《二胡和小提琴的爱情变奏曲》巧用借代，别出心裁；《减负还是加负》用反问。

2. 妙用数学式、数字，一目了然

例如，《真诚＋守信＝真正的友谊》《学校生活ＡＢＣ》等。《1234567i》，抒写音乐情怀；《7+1>8》，论述学习与休息的关系。这些文题不落俗套，新视角、新思路、新感悟、新体验，易吸引读者的注意力，当然也容易"迷住"阅卷老师，让他心甘情愿打高分。

3. 直言事理，真情实感

例如，《上网，让我欢喜让我忧》《诚信抛弃不得》等。《都是诚信惹的祸》《诚信，爱你没商量》《你快乐，我快乐》《"爱"在心口难开》，这些文题写出事情的理由，将会打动阅卷老师的心。

4. 逆向思维，新颖有趣

可以克服思维定式，反弹琵琶，追求陌生效果，拟出让阅卷老师"一见钟情、怦然心动"的好标题，如《我想当个差生》《败了，多好》《班门弄斧赞》《真想做个后进生》《我是一只想死的老鼠》。

二、开头——凤头

高尔基说过："开头好像音乐里定调一样，全曲的音调都是它给予的，也是作者花工夫的所在。"文章的开头要讲究"短、快、靓"。短，即要简捷，最好三两句成段，引入本论。开头短，不仅可以避免冗长之赘，而且短句成段，在空间上突出其内容的重要性。快，即入题要快，最好三言两语就点明文章的主题。因为评分标准中有"中心明确"的细则。开篇确定中心，有利于阅卷者按等计分，也有利于作者展开叙述，不至于出现主旨不清、中途转换主题等作文大忌。靓，即要精彩。这也是传统文章中所说的"凤头"。精彩的开头，最突出的效果是吸引阅卷者，给阅卷者留下好的印象，能使人产生一看开头就有想往下读的欲望。那么方法有哪些呢？

1. 开门见山，直接入题

以写人为主的记叙文可以直接交代人物或通过对人物肖像、对话、行动等方面的描写，直接入题；以叙事为主的记叙文，一开头就可以点明事情发生的时间、地点和有关背景。例如：

（1）她叫王芊芊，我读初二时的班长，尽管我俩分别一年多了，但班长的逸事依然历历在目，难以忘怀。（《有这样一位好班长》）

（2）唐老师病了。快放晚学时，同学们都难过地坐在自己的座位上。教室里如同死水一般寂静。（《真情》）

2. 写景状物，渲染气氛

开头从写景状物入手，渲染气氛，烘托人物，展开故事。例如：

（1）花开的季节，到处芬芳飘香，而我却无心观赏，因为此时我失去了同窗好友——强。（《同窗好友》）

（2）朝阳出来了，湖水为它梳妆；新月上来了，群星为它做伴；春花开了，绿叶为它映衬；鸟儿鸣唱，蟋蟀为它拉琴……天地万物都在向我们讲述着爱的故事。（《关爱永远》）

3. 设置悬念，引出下文

开头设置悬念，能一下子抓住读者的心，激发读者去思考，起到引人入胜的作用。例如：

（1）挂钟不慌不忙，有节奏地走着，"嘀嗒！""嘀嗒！"都快4点了，妈妈怎么没有回来？（《担心》）

（2）我的明天是什么样的？当我奔波于两点一线的生活中，当我挣扎在无边的题海里，我常这样问自己。（《面对明天》）

4. 引用诗文，凸显中心

以诗文妙语、名言警句开头，既能激发读者的想象和兴趣，也能提高文章的品位；既能揭示主要内容，也能凸显人物和事件。例如：

（1）"人，最大的敌人是自己，只要相信自己能行，你就是成功者。"这是我最喜欢的名言。每当我看见它以及床前那已不再清楚的成绩单时，我的眼前就浮现出那如梦般的往事。（《往事》）

（2）"母亲啊，你是荷叶，我是红莲。心中的雨点来了，除了你，谁是我无遮无拦的天空的荫蔽？"每当我读到冰心老人讴歌母亲的这段话，我便不由自主地想起我那矮小瘦弱却独自一人挑负全家生活重任的母亲。（《母爱无边》）

三、形式——猪肚

别具一格的表现形式，能使精心包装的中考作文充满灵气和魅力。看全国中考高分作文，各种各样的创新形式让人拍案叫绝。

1. 小标题式

如同电影拍摄手法，将围绕主题的文章材料进行多方位展示，甚至随意抓拍几个镜头，使整个事件由孤立到联系，从片面到全面，形成一个整体。各个镜头用小标题或者序号标列，能给人以层次分明、条理清晰的感觉，也能避免单调的过渡。例如，河南高分作文《打造蓝天》就用了三个十分抢眼的小标题：一、起风了；二、下雨了；三、云散了。从表面上看，它们是自然界天气变化的写照，深入文章，你会发现它们更是"我"心理变化的形象表述，通过小标题，文章的情节一气贯通。又如，2004年高考重庆满分作文《菊花飘香的时节》用两个小标题：一、菊之淡；二、菊之傲。写出了作者对菊花的赞美之情。

2. 日记式

围绕一个主题，用清晰的时间概念展示出事件的全过程。日记是一个人心灵的真实反映，所以这种文体既能吸引读者，增强真实感，写法上还避免了单纯的记叙形式。例如，深圳高分作文《留下》用日记记录下三个时间段亲朋给自己的电话留言，来表现"非典"期间的爱意。

3. 剧本式

例如，《善良归家》（独幕话剧）。

时间：寒冬的一个早晨。

地点：一片茫茫的荒原上。

人物：善良、金钱、地位、权力、时光老人。

背景：善良被人们扔到了一片寒风呼啸的茫茫荒原上，那儿荒无人烟，只有善良一人在无边无际的荒原中走着。（画外音：善良正急切地想着回家，想着回到人们的心中）

作者围绕一个主题，采用短剧的表现形式，用场景揭示事件发生的背景，用舞台提示展现细节，用人物的台词阐述事件的发展情况或表明作者对生活的见解，新颖独特的构思让人拍案叫绝。

4. 实验报告式

例如，《借你一双慧眼》——关于"他人优点"的实验报告。

发布时间：2005年9月7日20时45分。

实验名称：研究"他人优点"的性质。

实验目的：探索"他人优点"分别与"忽视"溶液、"发现"溶液、"欣赏"溶液反应所生成的"物质"。

在现实生活中，人人都有优点，有的诚实守信，有的乐于助人，有的思维敏捷，有的沉着冷静，有的能歌善舞，有的妙笔生花……但是，大多数人往往只看到他人的缺点，而忽视他人的优点。本实验将借你一双发现并欣赏别人优点的慧眼，使你一步步变得完美。

实验用品：三支大试管、"他人优点"颗粒、"忽视"溶液、"发现"溶液、"欣赏"溶液。

......

作者采用实验报告步骤的写法，使文章的情节一气贯通，带给人独特的感受。

故事新编式，如《八戒、悟空经商记》；微型小说，如《电报》；童话寓言式，如《书国的罢工》，都能以创新之光照亮评卷老师的眼睛。

四、结尾——豹尾

文章的结尾应像豹的尾巴那样，简短、结实、有力。方法有以下几种。

1. 点题法

点题法即末尾点明文章的中心，可用抒情议论句直接点出来，如："人们，请选择好你的染缸，点染好你的生活！"（《生活如染缸》）或引用诗词句点题，如一篇文章的结尾"人有悲欢离合，月有阴晴圆缺，此事古难全"表达了师生间的依依惜别之情。或借用人物语言点题，如："不过，通过这次不平常的考试，我感到：一个人应该在别人困难时伸出援助之手。"（《一次不平常的考试》）又如"我要向您说一句：'感谢您，老师！'"（《感谢您，老师》）

2. 首尾呼应法

例如，"那天，阳光好暖，好暖……"（《那天，阳光好暖》）与开头的"一缕金黄色的阳光从窗口斜射在桌子上，照在信封上，那天阳光好暖啊……"呼应。"……我最难忘的是父亲的背影。"（《背影》）

3. 描景写事法

例如，《心结》的结尾"我走向了他……"，以写事法结尾点出了事情的结局。

五、语言优美，书写整洁

文章语言要准确生动、富有文采，需要做到以下几点：①语言文字要流畅、简练，尽可能展示出自己的个性和才华。②句式要灵活，富于变化。③要注意运用多种修辞手法，让文章更富表现力。④恰当运用诗文名句和警句，以达到生动活泼的效果。另外，书写一定要认真、整洁。

守望　待花开彼岸

——巧用微课激发农村七年级学生语文学习兴趣

珠海市三灶中学　陈玉荣

一、语文教学现状

爱因斯坦说过："兴趣是最好的老师。"诚然，兴趣在人们的日常学习和工作中起着非同寻常的作用。[1]托尔斯泰也曾说："成功的教学所需要的不是强制，而是激发学生的兴趣。"因而，对于母语——语文这门基础学科而言，培养学生积极参与性尤为重要。[2]

目前，农村初中语文教学存在着诸多问题，学生对语文学科缺乏热情，提不起兴趣是最大的问题。课外知识拓展不到位，课堂教学内容过于单一陈旧是一大主因。这给语文教学带来了巨大的挑战。如何让课堂变得有趣，促使学生易学、乐学、爱学是我们应该思考的问题了。近年来，微课渐渐盛行，对农村学生来说，它是新奇的事物，学生比较好奇。这让笔者想到不如借助学生的这点好奇心，充分利用现代教学手段来提高语文教学效率。于是，笔者尝试用微课去激发七年级学生学习语文的兴趣，竟然收获了不少意外的惊喜。

二、微课及基本特点

1. 微课的概念

广东省佛山市教育局胡铁生率先提出了以微视频为中心的新型教学资源——微课的概念。他认为，微课是指按照新课程标准及教学实践要求，以教学视频为主要载体，反映教师在课堂教学过程中针对某个知识点或教学环节而开展教与学活动的各种教学资源的组合。[3]

2. 微课的特点

微课是以视频片段为核心组成内容，方便学习者通过移动终端，充分利用碎片化的时间进行学习。微课特点主要体现如下。

（1）教学时间较短。微课的学习是碎片化的，是一种泛在学习的体现。微课以教学视频为主要内容，时长一般为5~10分钟，相对于传统的45分钟一节课的教学课例，教学时间短。

（2）教学内容较少。微课按照一定的教学设计，突出课堂教学的重点、难点，直接反映教学主题。所以说微课是反映课堂中某个教学环节、教学主题的教与学活动。相对于较宽泛的传统课堂，微课的问题聚集，主题突出，更加精简。

（3）资源容量较小。从大小上来说，微课视频及配套辅助资源的总容量一般在几十兆左右。视频格式须是支持网络在线播放的流媒体格式（如rm，flv等），可供学习者在线边加载边观摩学习。微课因容量较小，也支持下载保存到本地移动终端进行泛在学习。[4]

三、激趣及其过程

农村学生受到各种因素的影响，部分学生小学就已经开始厌学；进入初中以后，又受畏难情绪的影响，更是懒洋洋，得过且过，对语文学习毫无兴趣。对于如何激发他们学习语文的兴趣，诸多语文教师甚是困惑。一次无意中，发现学生对笔者制作的微课很感兴趣，于是决定尝试借助微课激发他们学习语文的兴趣。

1. 精心制作，下自成蹊

微课若要能很好地吸引学生，激发学生学习语文的兴趣，教师必须精心制作。

首先，微课的内容要帮助学生预习重点、难点和需要事先学习的内容，使以前在学生眼中枯燥无味的语文课变得生动有趣。例如，教学部编版七年级上册《观沧海》的时候，为了让学生更好地理解作者曹操写作时的心理，同时也为了吸引学生，笔者制作了一节微课，简单介绍了作者曹操的生平，然后对曹操诗作的特点进行总结。七年级学生毕竟知识有限，他们被微课内容深深吸引，了解到作为一代枭雄的曹操在文学上竟然有如此深的造诣，自

下篇 论文篇

然就对学习曹操的《观沧海》产生了浓厚的兴趣。

其次，微课要生动有趣、浅显易懂。农村学生受条件局限，若不是有较强的趣味性，学生是很难耐心看完的。在教学七年级下册的《木兰诗》时，由于篇幅比较长，很多学生不愿意去背诵。后来，笔者无意中听说《木兰诗》用广东话读，基本上句句押韵。于是，笔者在网上下载了一个有原文字幕的动画，然后用广东话朗诵出来，学生觉得很有意思，就跟着去读，不知不觉中就背下来了。

2. 灵活观看，润物有声

农村学生条件有限，不可能像城里的学生，在家自行观看微课。不少学生家里没有电脑，父母也没有条件给他们配备手机，而他们的父母有时加班到很晚才能回来，甚至上晚班，所以，笔者要求学生灵活、随意地观看微课，时间不做限定。发一份到班级QQ群，学生随时可以下载；放一份到班级电脑平台，学生可以利用课间、中午、下午放学的时间灵活观看。通过自行观看视频，学生能消除对于语文学习的恐惧感，可以带着预习好的知识和准备好的问题参加课堂学习，增强自信心，形成良好的教学循环，产生浓厚的兴趣。刚开始只有少部分学生在教室观看，一个学期后，笔者发现很多学生都会在下午放学之后自觉在教室观看一节微课才回家，甚至有些学生开玩笑地说："老师，今天作业多，没看微课就回家了，总感觉缺了点啥……"无形中，观看微课已经成为我班学生的一种乐趣、一种习惯。

3. 牛刀小试，体验成功

七年级学生对新事物总是充满好奇心的，00后的学生喜欢尝试、挑战自我。观看微课一段时间后，笔者发现不少学生对制作微课也有了兴趣，为了乘胜追击，笔者把一个周末的作业布置成了制作微课。在执教七年级下册《爱莲说》的时候，笔者布置的作业就是分小组制作微课：第一小组，介绍本文的作者周敦颐以及写作背景；第二小组，对照注解翻译全文；第三小组，分析"晋陶渊明独爱菊"这句话。作业布置下去之后，学生兴趣高昂。他们在小组长的组织下分工合作，查阅资料，写脚本，为每一个环节争论，为了确保正确性，他们一次又一次地追问笔者，甚至找到他们的电脑老师来协助。虽然微课的最后呈现存在瑕疵，但是在第一小组学生介绍完濂溪先生之后学生感觉大开眼界；而第二组学生翻译全文不仅讲了句子的翻译，甚至一位学生配音，一位学生在黑板上板书，还认真介绍来龙去脉，如"自李唐来"为什么唐朝会称被称为"李唐"……观看完他们的微课，学生反映原来翻译也如此有趣。由于部编版教材七年级下册选录了周敦颐的《爱莲说》，但是却没有学习陶渊明的《桃花源记》，所以学生对"晋陶渊明独爱菊"无法理解。为了弄懂这句话，第三小组的学生可谓颇费心思，他们上网查阅，泡了两天图书馆，甚至跑去九年级问他们的师姐……最后精彩的微课赢得了同学们的由衷喝彩！学生感慨："老师，原来语文作业也可以这么有意思呀！"

4. 用心守望，花开彼岸

凡事过犹不及，微课的制作毕竟耗时耗力，所以不可频繁布置制作微课作业；观看微课也遵循自愿原则，否则就变成了一种任务，何来乐趣！当学生爱上微课，对语文学习产生兴趣之后，教师要做的是静心守望。守候着每天上蹿下跳的七年级学生能慢慢静下心来坐在教室看一段微课；守候着他们从微课中走出来去阅读文本；守候着他们发现语文的精彩，爱上语文。

微课在教育领域崭露头角，以主题明确、短小精悍、占用资源容量小等特点成为一种新型教学模式。[5]一学年过去了，巧借微课，笔者渐渐感受到了我班学生的不同：观看完微课，课间时间他们会围着笔者问一个又一个的问题；周末他们会三五成群地去图书馆，回来之后跟我争论故事情节，甚至把自己感兴趣的知识做成微课向全班同学展示……有如此高昂的学习兴趣，又何须担心他们的语文成绩呢？在七年级下册全区统考的期末考试中，笔者任教的两个班级语文平均分均超过90分，而优秀率也超过了15%，在全区遥遥领先。

激发学生的学习兴趣是一门教学艺术，并非朝夕之间就能够实现的。子曰："知之者不如好之者，好之者不如乐之者。"在孔子看来，学习的最高境界是"乐"。抓住学生的兴趣点，借助微课，满足学生需求，让他们快乐学习，在潜移默化中激发了学生的学习兴趣，默默守候，花开彼岸。

参考文献

[1][2]苏小英.浅谈学生语文学习兴趣的激发[J].新西部，2016（16）.

[3]黄烨."微时代"下的"微课"浅析[J].科技风，2013（10）.

[4]张俊飞."微课"一种新的教学形态[J].福建电脑，2014（1）.

[5]徐翠锋，郭庆.论微课与传统教学的有效融合[J].教育教学研究，2014（1）.

"互联网+"背景下的初中作文教学探索

——以作文指导课"记叙中的描写和抒情"为例

珠海市金海岸中学　孙　月

我们已经进入"互联网+"时代，信息技术与作文教学的整合是现代教育形势发展的必然趋势，信息化环境下的初中作文教学内容更丰富有趣，更利于激发学生的学习兴趣；互动更有实效，反馈更加及时；评价多元化，扩大了合作交流的范围。

一、传统作文教学课堂存在的问题

（一）学生交流、讨论"虚假繁荣"，参与度不高

随着新课程改革"自主""合作""探究"理念的提出，课堂讨论作为一种教学方式更加为人们所关注，有无进行课堂讨论、小组合作逐渐成为评价一堂课是否符合新课程理念的重要标准。对课堂讨论的关注和运用，使课堂更加开放而富有活力，但是，作文教学课堂上依旧存在以下几类人。

1."边缘人"

"边缘人"或不太愿意或者没有足够的机会说出自己的想法，或他们的习作没来得及成为大家讨论的对象，或对教学内容不感兴趣。这类学生往往游离于课堂之外，认为别人的发言与自己不太相干，因此注意力不集中，态度冷淡，情绪消极。

2."独裁者"

有些小组的讨论如同一场激烈的辩论赛，各持己见，相互攻击，丝毫不认同别人的观点，甚至把自己的观点强加给别人，最后争得面红耳赤。这种情况不利于讨论的深入，不利于学习目标的实现，不利于小组成员的团结。

3. "和泥者"

"和泥者"无论是讨论还是写作，都跟着教师的要求被动地去完成，主要负责维持课堂表面的"繁荣"，缺少积极的思考。

由此可见，看似热闹的场面并没有探讨到问题的实质，达不到预期的效果，所以这样的课堂讨论、交流不会是高效的。

（二）写作、批改、评价周期长，反馈不够及时

现在的作文教学模式一般都是教师先进行技法讲解，然后学生写作文，写完之后上交，教师判分，最后教师讲解范文以及作文中出现的问题。教师评判完所有作文，必然需要较长的周期，再来评讲时，学生的印象都淡薄了，反馈不够及时，作文教学效果大打折扣。

（三）作文批改工作量大，评改主体单一，教师疲于应付

作文批改工作量大，特别是如果大部分学生写得都不尽如人意时，批改就是一种痛苦。写作文就成了相互折磨，学生应付了事，教师打好分数，简单评价几句，草草结束一次作文教学的过程。学生看过分数和评语后，本子往抽屉一丢，"俱往矣"。

不会的还是不会，问题还在那儿，写作就变成了一种不得不做的"差事"，于学生无丝毫帮助。这些形式只会增加师生的懈怠之心，并导致教师望文兴叹，学生谈文色变。

进入"互联网+"时代，信息技术与作文教学的整合可以很好地解决上述问题，有效避免传统作文教学中的弊端。

二、信息技术在作文指导课"记叙中的描写和抒情"中的运用

（一）课前以微课激趣，引入课题

1. 关于微课

微课是指按照新课程标准及教学实践要求，以多媒体资源为主要载体，记录教师在课堂内外教育教学过程中围绕某个知识点（重点、难点、疑点）或教学环节而开展的教与学活动全过程。

2. 微课在本课中的应用

兴趣是最好的老师。运用生活中常见的影视、歌曲作为素材讲解枯燥的写作技法，可以激发学生的学习兴趣。例如，央视公益广告《打包篇》中，父亲不记得生活中刚经历的事情与他没有忘记爱"我"形成对比，从而凸显

父亲对"我"深沉的爱，以此例来讲解描写的方法——对比展示。又如，引导学生思考周杰伦在歌曲《稻香》中怎样将"快乐"这一抽象的情感表现出来，从而引出抒情的方法——环境烘托。通过这种方式，让学生明白，只要用心体会、用情感悟，生活就会变得色彩斑斓，习作内容也会变得鲜活而富有个性，生活中时时处处有作文。这样的课堂，教育的意义大于教学本身，将会使学生们记忆一生。

将具体内容录制成10分钟以内的微课，放到QQ群文件中，方便学生下载后反复观看，掌握重难点知识。

看完微课，要求学生完成学习任务单上"自主检测"的两个问题：一是看完微课，你学到了哪些描写和抒情的方法？二是这些方法在哪些课文里面出现过？第一个问题小结微课内容；第二个问题勾连课内外知识，勾连新旧知识，将作文教学与阅读教学紧密结合。教材中所选课文都是精挑细选出来的文章，大多是名篇佳作，写人记事、写景抒情、写人生哲理，无所不包，这是作文教学的最好范例，所以作文教学要充分利用课内外资源。

（二）课中以多媒体创设情境，以原著指导写作

播放《西游记·三打白骨精》电视剧片段，带领学生进入情境，引导学生观察，并指导写作技法，然后让学生进行情境写作，点评后出示原著片段，让学生欣赏名家经典，让学生拿自己的作文与原著进行对比，在对比中提高。

（三）借助粤教云ForClass教学平台，实现课堂互动

1. 关于粤教云ForClass教学平台

（1）粤教云

"粤教云"计划是《广东省教育信息化发展"十二五"规划》中五大行动计划之一。2013年8月，广东省教育厅等八部门《关于加快推进教育信息化发展的意见》（粤教信息〔2013〕5号）提出实施"粤教云"计划，建设"粤教云"公共服务平台，开展"粤教云"示范应用试点。"粤教云"项目致力于建设自主、可控、安全、绿色教育云，提供终端、内容、平台和服务一体化的教育信息化解决方案，创新教育信息化建设模式、应用模式和服务模式。

（2）云互动课堂

在人手一台学习终端的环境下，融合云服务、数字教材、学科教学工具等构建新型教学环境，探索有效提高教学质量的信息化教学模式与方法。"粤教云"项目在珠海试点学校主要采用轻巧的平板电脑、触摸一体机、强大的无线环境和ForClass软件搭建高效的云互动课堂环境，使用ForClass测评诊断系统进行课堂的实时反馈，实现有效的互动教学。

（3）测评诊断系统

诊断性测评是以了解素质现状或组织诊断问题为目的的人才素质测评诊断系统，针对学生的课堂学习进行诊断性测评，掌握学生在课堂上的实时学习情况，以便教师采取有针对性的措施促进全体学生发展。

（4）ForClass软件

ForClass软件由创而新（中国）科技有限公司研发并加入"粤教云"项目，支持云服务、云互动、云协同三类课堂应用，具有课堂测评诊断功能，教师可随时对数字教材、教学资源、互动活动等进行灵活调用，提高了课堂效率与效果。

2. 粤教云ForClass教学平台在本课的应用

当场完成作文片段练习后，学生运用平板电脑对自己的作文拍照，然后利用粤教云ForClass教学平台进行分组互评。每个学生都可以在平板电脑上对多个同学的习作进行评价和打分，同时也可以看到其他同学对该份习作的评价和打分。互评结束后，每个学生还可以看到多位同学给自己习作的评价和打分。这个互评平台就是大家交流想法的平台。教师通过ForClass教学终端能查看所有学生的互评进度及每篇习作的评价，可以更全面地了解学生的掌握情况，确保每个学生都参与其中。

教师通过ForClass教学终端将每组得分最高的习作分发给全班学生，师生共同欣赏、点评，最后通过全班投票功能选出班级最佳习作。这一环节实现了师生同批共改的目标。

互评互改的目的在于比较，自己和自己比较，自己和同学比较，在比较中明确优劣、分出高下；在比较中形成不同的对话、促进发展。通过鉴赏评价，获得方法，落实写作这一程序，实现"培养学生通过观察、反思、互动、实践来获取知识的能力"这一教学目标，体现新课标"注重过程和方法"这一理念。

课程结尾用多项选择的方式统计了学生的学习情况，当然还可以利用弹幕功能，让学生畅谈学习收获。

（四）通过腾讯QQ，课后加强交流

1. 关于腾讯QQ

QQ是腾讯公司开发的一款基于Internet的即时通信软件，功能强大，应用广泛。

2. 腾讯QQ在本课的应用

课前通过QQ群文件向学生传送微课。课后，要求学生将自己的作文习作再次修改后上传至QQ群空间，同学间相互点评，方便同学间互动交流，也便于留存这些习作。参照学生获得的点赞数和推荐度，结合教师的评定，每月评出几篇佳作，并在班上颁奖鼓励。

三、信息技术与作文教学整合的意义

（一）内容更丰富有趣，更利于激发学生的学习兴趣

运用多媒体网络图文、声像并茂的优势，把学生平时不能看到或容易忽视的内容形象直观地呈现在学生面前，以美丽的画面、动听的声音、清晰的文字、鲜艳的色彩等全方位地刺激学生的各种感官，为学生创设一个良好的教学情境，触发学生的联想和想象力，激发他们创造和表达的欲望。面对情境，学生兴趣盎然，情绪高涨，强烈的好奇心促使学生去发现、去表达、去创新，从而变"要我写"为"我要写"。

（二）互动更有实效，反馈更加及时

在粤教云ForClass教学平台中，每个学生都有自己的评改任务，大家专注于自己的事情，更容易进入深层次的思考。学生通过互评交流想法。教师通过教学终端可以查看每个学生的评价进度及评价内容，确保每个学生都参与到互评中，每篇习作都得到其他同学的高质量的评价。实时数据统计、投票、选择等功能让课堂反馈更及时、有效。

（三）评价多元化，扩大了合作交流的范围

如果文章能够在学校张贴出来或者被某报纸杂志发表，那种喜悦之情对于写作积极性的提高是不言而喻的，但是优秀作文毕竟只是小部分，大部分学生只有拜读而无言说的权利，在无法获得认同和成就感的情况下，学生对写作的热情慢慢消失甚至出现抵触情绪。而在网络上发表作文是非常自由的，只要用鼠标轻点"发表"，自己的文字便可以让很多人看到。当看到自己辛苦创作的成果被人阅读、被人点赞、被人评说时，学生可以充分体会到

成功的喜悦，体会到获得认同的满足。成就感又促使他们写作情绪亢奋，因而写作参与度也必将大大提高，写作质量也就在不知不觉中获得提高。再加上电子稿具有保存时间长、调取方便的特点，这也就更利于作品的分阶段或者集中展示。我们常用的博客、QQ、微信等都可以成为学生展示自己作文的平台。

传统作文评价中是教师掌握了话语权，教师单一的评价难免有失偏颇，如果将作文放到网络上供大家一起欣赏，作文评价的主体就不仅是教师了，而是同学、朋友、家长等。将作文教学活动置于学校、家长、社会的广泛监督之下，教师和学生可以获得更多的反馈信息与激励因素。同时，由学生自己、教师、同学、家长共同参与交流评价，全面、客观地评价学生的作文和学习取得的进步，更能促进学生健康发展。

四、结语

我们已经进入"互联网+"时代，信息技术与作文教学的整合是现代教育形势发展的必然趋势，是一种有着旺盛生命力和进一步发展前景的新型教学模式，受到越来越多的语文教师和学生的青睐。当然，这一新型教学模式还有待广大语文教师进一步探索研究与实践，让它更好地为作文教学服务，让学生真正爱上作文课、爱上写作文。

参考文献

［1］刘国钰.基于ForClass的粤教云测评诊断系统在小学云互动课堂的应用［J］.教育信息技术，2017（4）：23-25.

［2］郭萍.浅析"互联网+"的时代特征及意义［J］.经济研究导刊，2016（27）：146-147.

下篇 论文篇

破解农村初中写作难题

珠海市金海岸中学　　汪福义

写作素养是语文素养的重要组成部分，写作教学是语文课程的主要内容。长期以来，由于种种原因，农村写作教学存在诸多弊病。本文试图结合笔者在沿海地区一所农村初中的教学经历，揭示农村初中写作教学的主要问题，并探索相应的破解策略。

一、农村初中写作教学的问题

农村初中写作教学的教学效率普遍不高，主要问题是教学观念落后、训练形式单一、写作素材匮乏等。

1. 教学观念滞后

很多教师认为，写作能力是日积月累、潜移默化形成的，这种看法自然有其合理性。但有些农村初中教师走进了认知的误区，误以为写作是"只可意会，不可言传"的，否认写作教学的价值，从而在实践中漠视写作教学的意义，对写作教学缺乏充分的重视。加上受应试教育影响，教师片面追求升学率，往往有意无意地忽视了语文课程的特点，没有对学生的思维进行发散性启迪和训练。再加上信息交流和教学条件的限制，许多教师的作文观念比较陈旧，十几年一贯的教学方法制约了他们对有效写作教学的思考，无法进行写作教学的改革。

2. 训练形式单一

为图省事，很多农村教师开展写作训练的方式单一，往往是简单的"教师布置题目、学生独立写作、教师批改讲评"的机械模式，题目出得随心所欲，训练针对性不强，批改讲评空泛笼统，学生在写作中难以获得有效的进步。有些所谓的经验是要求学生作文开始怎么写，结尾再怎么议论、抒情，然后再背上几个典型的事例套进去就可以。不可否认，这种方法有时能起到作用，但对学生作文能力的提高却是有害的——学生学不到真正的作文方法。

3. 写作素材匮乏

农村学生的活动范围本来应该比城镇学生大得多，能够多方接触大自然，获得丰富多彩的写作素材。但为了与别的学校竞争升学率，学生在校时间很长，一天除了吃饭、睡觉就是上课、自习。这样，学生的活动范围就自然被缩小了。试想，一个没有生活感知的中学生，怎么能写出具有真情实感的文章呢？另外，学生缺少足够的课外阅读。为了应付各种各样的考试，许多家长和教师把课外阅读当成看闲书，真正支持的很少，有的甚至千方百计地严令禁止。农村学校的图书馆很多都名存实亡，学生没时间也没地方可以进行课外阅读。这样，学生的大部分时间都在听教师烦琐而枯燥的讲解、分析，真正能起到文学熏陶的东西接触太少了，学生也就成了文学的"贫血儿"，在他们笔下，写作素材匮乏，既没有写作的积极性，也写不出像样的文章。

二、破解农村初中写作难题

面对这些问题，笔者进行了深入调查，在教学实践中进行了一些探索，形成了一套相应的策略，包括以阅读促写作、引入影视作品、开展课堂游戏、开展写作分项训练、鼓励学生互评作文等方面，收到了较好的教学效果。

1. 以阅读促写作

在日常的教学中引导学生学会概括课文中的故事情节，引导学生学会串联各个小故事。

在教学中，笔者改变了把一篇课文分为几个部分，每个部分是从哪一段到哪一段，再来概括各个部分的传统做法，尝试让学生在课文中找故事、概括故事的情节。例如，在教学《从百草园到三味书屋》一课时，笔者要求学生找出课文写了几个故事，再来看作者是怎样把这些故事串联起来的。学生们很快就找出课文写了：听长妈妈讲美女蛇的故事、雪中捕鸟、拜师、背书问"怪哉"、偷偷到书屋外看蝉蜕、趁先生读书在下面画画等。学生很快找到百草园生活到三味书屋的学习生活间有一个过渡段，其他的故事没有过渡段，但故事和故事之间连接很自然。其他如《爸爸的花儿落了》《杨修之

下 篇 论 文 篇

死》等篇目，笔者都是这样教学的。由于坚持在教学中引导学生概括故事情节、学习作家串联故事的技巧，让学生在潜移默化中掌握记叙的手法、要素，一段时间后，学生在作文时基本能做到叙事完整、结构清晰。

2. 引入影视作品

学生都爱看电影、电视，每个人都能评头论足一番。笔者抓住学生的这一兴趣点，把影视与学生的写作教学结合起来，通过引导学生观看影视片段，引导学生进行描写和想象，将视频画面变成文字。

电视剧《大宅门》第十集景琦拜见、捉弄季先生的故事很有趣。景琦的外貌、动作、神态，尤其是在拜先生和被先生惩罚时的心理活动是十分丰富的。如果学生能把这些都描写出来，那是很不简单的。在组织学生观看的过程中，笔者不断提醒学生："注意观察景琦的外貌、动作、神态，还要发挥大家的想象，推测他的心理活动。"这个故事符合七年级学生的心理、性格特征，学生一边看一边笑，对这样的作文课的积极性很高，教师这时候就要善于引导学生学会观察、思考、表达。笔者还找来《功夫熊猫》《神医喜来乐》等既贴近初中生生活，又风趣、幽默的影视作品让学生观看。学生在看电视的过程中不仅得到欢乐，更重要的是在将视频画面变成文字的过程中学会了各种描写的方法，体会到了生动、幽默的语言魅力。

3. 开展课堂游戏

游戏是人的天性，在初中语文课堂组织学生做游戏，通过游戏激发学生的参与意识、感知能力，提高学生的描写能力。教师讲再多的作文理论、作文的方法、作文的重要性，学生也听不懂，更不想听，不如开展一些符合初中生性格、心理等特点的游戏让学生在课堂上做，然后让学生根据游戏中的体验感知来写作文，这样，学生写作时就能做到下笔成文、言之有物。

笔者在给七年级学生上第一次作文课时就是让他们做"猜粉笔"的游戏。先找三名学生，带上一支粉笔，到教室外面商量好，粉笔放在一个人的手上。三个人都紧握自己的双手，走到讲台上。这三名学生可以在讲台上做出任何动作、表情等，以此来迷惑猜的同学。猜的学生不仅要说出粉笔在谁的手上，而且要说出自己的判断依据。这就要求学生进行观察——看表演者的各种动作、神态，甚至还要想到表演者的心理活动等。一节课可以让三组学生来表演，给大家尽可能多的机会来猜、来思考、来表达。然后布置学生把这一节课的经过写出来。当然，还要求学生作文时要有重点。大家兴致很高，都积极参与了、观察了、思考了、表达了，再来写作文时就没有了抵触情绪，还能写出很多佳作。当然，游戏要提前设计、就地取材，如搬开讲桌，把讲台变成T台，让学生穿上不同的服装在上面走秀，以学会描写；让学生在讲台上做搞怪的表情，来个"搞怪大比拼"，看谁的表情内涵更丰富；等等。这些游戏，一方面调动了学生参与的热情；另一方面培养了学生观察、思考和描写、表达的能力，提高了学生写作的积极性和主动性。

4. 开展写作分项训练

初中写作教学的重要目标之一就是进行语言训练，为了锤炼学生的写作语言，我们组织了多种形式的扩句训练。

扩句训练中，随着句子的延长，句意不断丰富，表达更加形象，学生的语言感知就不断得到加强。例如，他在笑，有学生写道："他站在那儿，一脸坏笑。""他站都站不直，满脸憋得通红，实在忍不住了，大笑起来。""只见他双手叉腰一动不动地站在那儿，眼睛先是瞪得大大的。接着两个眼眶慢慢变形，眯成一条缝，手也垂下来了，还伸出一只手捂住嘴巴，他实在是忍不住啦，大笑起来。"……又如，一朵花，有学生写道："一朵又大又红的花。""这是一朵偷偷从花园里跑出来，站在墙头，尽情展示自己粉红色的新衣服的桃花小妹。""你看，她多淘气，姐姐妹妹都在园子里和蜜蜂说着悄悄话，只有她带着小蜜蜂跑到墙外了。"平淡无奇的一句话，经过扩句练习，加些适当的动词、形容词，再用些修辞，就能让读者感到形象生动。这样的练习不是很难，关键在于坚持。在练习中，还要鼓励学生都参与练习，练习后再来展示，互相评论、互相启发，不断提高遣词造句能力和语言运用能力。

5. 鼓励学生互评作文

大胆让学生互相批改作文，让他们自己去发现问题、思考问题、解决问题，从而达到提高的目的。

据笔者观察，初中学生很喜欢过当老师的瘾，可以利用这个特点给他们机会来批改自己的作文。魏书生曾说："学生批改作文的积极性高，大部分学生对同学写的批语的关注程度远远超过关注教师的批语的程度。"把批改作文的权力下放给学生，并没有结束，作为教师，还要明确批改的原则：一是最基本的部分，包括格式是否正确、卷面是否整洁、是否有错别字、有几处病句、标点符号有几处明显错误；二是实质性部分，包括看文章的中心是否突出，看文章的选材是否典型，看人物的形象是否鲜明，看对人物的描写是否恰当，看表达方式是否合理，看语言是否简练、流畅、深刻等。这样，学生在批改作文的过程中既可欣赏到不同同学的作文，又可提高自己的鉴赏能力。通过互相批改作文，学生能准确地记住写作文的基本要求，而且对这些要求理解得越来越深刻。鼓励学生就同学作文中出现的问题展开思考、讨论：作文中为什么会出现这样的问题？如果是我来写会不会也有这样的问题？如何解决？以此来达到锻炼、提高学生作文能力的目的。

农村初中写作教学存在的问题很多，也不仅仅限于本文提到的一些，还有诸如学生生活体验不足、写作兴趣不高、家庭教育缺失等。关键是教师要能够以新课标为指导，积极发现问题，不断深入研究，更新观念，以生为本，因材施教，努力通过以阅读促写作、引入影视作品、开展课堂游戏、开展写作分项训练、鼓励学生互评作文等一些有效的策略，丰富学生的生活体验，帮助学生积累写作素材，拓展学生的写作实践，不断提高学生的写作积极性，多写多练，持续提高学生的写作能力和写作素养，进而提高学生整体的语文水平。

基于情境认知理论的语文教学情境设计

珠海市小林中学　穆艳芳

新课改秉承"以学生发展为本"理念，以提高学生综合素养为核心，强调密切课程内容与生活和时代的联系，改善学生接受学习、死记硬背、机械训练的学习方式，倡导学生主动参与、乐于探究、勤于动手，培养学生收集和处理信息的能力、获取新知识的能力、分析和解决问题以及交流与合作的能力。《义务教育语文课程标准（2011年版）》指出，语文课程是实践性课程，应着重培养学生的语文实践能力，而培养这种能力的主要途径也应是语文实践。在新课改背景下，以学以致用为灵魂，着力破解传统课堂抽象的知识讲授、脱离知识生成和运用的具体情境所导致的知识与生活实践严重脱节、知识"惰性化"状态的情境认知理论越来越受到教育界的关注和重视。

一、情境认知理论概述

情境认知理论是20世纪90年代以来被广泛接受的学习理论，该理论融合了经验性学习理论、最近发展区理论、活动心理学理论、建构主义理论、社会文化理论和认知弹性理论等，是针对抽象的认知或者信息加工认知的弊端而提出的。情境认知理论所界定的"情境"，既可以是模仿真实的工作环境来设置的学习环境，也可以是借助信息技术设计的逼真、仿真环境和虚拟环境，又可以是日常的文化实践；情境的内容需与学习内容高度耦合，学生通过与其互动能够获得期望的知识和技能；情境必须在激发学生内在认知动机方面具有重要作用。

情境认知理论试图弥补信息加工认知理论的不足，强调知识和学习的情境性，强调知识不能脱离它所依赖的情境被学生获得，强调情境的真实和社会性的相互作用，着眼于学生在与真实情境互动的过程中建构知识的意义，从而提高学生解决实际问题的能力。学习的目的在于应用，情境认知理论同时关注如何把学生在校所习得的知识迁移到新的真实情境中去，强调给学生创设反映日常环境的真实情境，使学生在具体环境中通过运用所学知识，从而对知识进行进一步的概括；强调培养学生识别不同情境的细微异同之处以应对不断变化的情境。

二、语文学科教学情境特征

语言文字是人类最重要的交际工具和信息载体，其作为表意符号，只有在具体情境中才具有实际意义。语文课程致力于培养学生的语言文字运用能力，其性质和作用决定了语文学科显著的情境性特征。因此，在学科教学中提供基于真实情境而开展的语文实践活动，既能让学习内容和现实生活相联系，又能让学生在实践中领悟文化内涵和语文应用规律。

语文学科教学情境应具有以下特征。

1. 真实性

语文学习的情境设置不能脱离真实生活场景而孤立地存在于概念、定义中，真实的或者高度模仿的真实有助于为正处于形象思维向抽象思维过渡的中学阶段的学生提供良好的学习支架。

2. 互动性

三人行必有我师，学生在情境中和老师、同学合作、协商、探究、共生，更有助于发现问题、解决问题，从而促进自身最近发展区能力的提升。

3. 问题性

问题情境能够激发学生的学习兴趣，为进一步探究学习蓄势，在满足学生的好奇心之后又激发学生进一步思考，发展学生思维。

4. 学科性

语文课程致力于培养学生的语言文字运用能力，语文的学科属性是教学情境的本质属性。如同工具，只有运用才能掌握它们，用语文的方式教语文，创造语言文字应用的真实情境，可以为学生提供有意义的语文学科知识，帮助学生准确理解、把握语文知识的内涵，为学生学习语文提供原动力。

5. 评价多元性

情境认知在于提升学生个人理解、分析、解决问题的能力，由于学生个人的基础水平不同，因此理解、解决问题所达到的水平有所不同，这就需要采取多元评价方式对学生的认知进步、知识迁移、思维品质进行评价并贯穿教学始终，从而让学生从反馈中不断调整自我认知策略。

三、语文教学中如何进行情境创设

学习情境的创设与否，归根结底在于是否有助于学生的学，是否有助于学习目标的达成。具体创设怎样的情境、借助怎样的形式来呈现，则需要根据学情、教学目标和教材的特点来确定。在语文学科教学中如何设置行之有效的学习情境呢？笔者从自己的教学实践中得出几点启示。

1. 以多媒体技术为支撑，激发学生学习兴趣

在信息化时代，学生学习知识的方式越来越便捷，语文课堂充分利用教育技术设置学习情境，使抽象的语文知识更加直观、形象、易于理解，拓展学习的深度，增加学习的迁移性，无疑会更受学生的欢迎，激发学生的学习兴趣。

情境创设一：看电影学写作之"时间膨胀"。

（播放电影《绝杀慕尼黑》片段：本片是根据1972年慕尼黑奥运会男篮决赛场上常胜将军美国队遭遇了籍籍无名的苏联队并最终被绝杀的事实改编的。故事充满了戏剧性，尤其在电影的高潮部分，苏联队在美国队连续两次庆祝夺冠后又争取到了本应属于自己的宝贵的3秒钟比赛时间，拍摄者以艺术的手法再现了这3秒钟的比赛画面）

师：比赛中倒计时3秒，现实中你记录了多少秒？

生：76秒，也就是1分16秒！

师：哦？为什么3秒钟变成了1分16秒？时间怎么膨胀了呢？

生：因为它镜头拉慢了，不但拍到了发球员，还拍到了场边的观众。

生：具体来说，还拍到了苏联队的队员、教练、场上的观众、场外的观众、对手及他们的教练，连空中飞过的篮球都有好几秒的特写呢！

师：非常棒，你还注意到了球的特写！那么所有的人物都是同一表情和动作吗？

生：不是的。他们有的惊讶地张大了嘴巴，有的把手放在胸前像在祈祷……

师：这就是我们常说的……

生：哦哦，神态描写、动作描写、心理描写！

生：语言描写、场面描写！

师：你看，我们都知道这些描写方法，也知道了写3秒钟内发生的事情不仅可以写场上的球员，还可以写场内外的观众，现在再让你写150字，你们可以做到吗？

生：可以！

师：好，限时5分钟，5分钟后我们分享，看谁写得多。

（5分钟过后，渐渐有学生举起了手）

生：现在球员们只剩下了3秒！一位球员把球狠狠地丢给另一位离篮筐近的球员！那个球犹如定格般在空中飞翔，承载着观众与球员的最大努力和希望，只见球将要掉下去的那一刻，一个球员立即双手接住球，一个旋转跳跃，把球向筐那里丢去，然后球砸到篮板又弹回去掉入了篮筐！球员和观众看到球进了，非常激动和开心，苏联队赢了！

师：你完成了150字，但是对场外的观众一笔带过了，还可以再细一点，我们来听听这位同学写的！

生：比赛还剩3秒钟，这3秒足以决定一场比赛的成败。伊万迅速从裁判手里接过球，他抬起左手，用尽力气抛了出去。场边的队员迫切希望球进筐，有的甚至都跳了起来大喊，教练也没有放弃这最后的希望，在旁边指挥着，电视机前的观众屏气凝神地盯着屏幕，有的在电视机前做出投篮的动作，希望这个球快点进筐。对手也非常紧张，毕竟是对手，谁也不希望这个球进了。观众席上的女朋友双手合十凝视着这一幕，所有人都很紧张，但每个人的紧张都不是同一种紧张。最后这颗球顺利地落入同队队员手中，他双腿弹起做了两个假动作骗过了对方队员，一瞬间便将篮球投向篮筐，球在篮筐上打了两个转，掉进了筐内。全场欢呼，许多人更是兴奋地跳了起来，拥抱在了一起，苏联球队以51比50战胜了美国男篮！

师：你写到了场上的球员、场边的教练和观众，用到了我们刚刚所提炼出的方法，非常棒！还有同学要交流吗？

生：球员半蹲，眼神坚定，单手凝聚力量，那感觉就像球场上的所有观众都把力量传给了那只手。当球抛出的那一刻，真的好漫长，如同经过了好多个岁月。球员的妻子紧张又激动地望向球场；教练拼命叫喊着，做着指挥的动作；队友双臂张开，双脚离开地面，跳起，呐喊；电视机前的亲属和朋友，都目不转睛地盯着电视，双手握紧，瞳孔放大；组委会的官员们，丢掉了手中的报告；场上面目模糊的观众，几乎都屏住了呼吸……那颗球，那颗积聚了所有力量、所有希望的球如流星般划过，在万众瞩目中穿过球场，瞬间便被14号球员跃起接住，又被他跃起投向篮筐。此刻的球像是接触了神明一样，稳稳当当地落进了篮筐。那一刻，全场静默，瞬间又涌起了巨浪般的欢呼声、掌声，甚至有美国观众也起立鼓掌。苏联队队员欢呼奔跑着拥抱在了一起，这是他们创造的奇迹，这是他们一辈子都不会忘记的时刻，他们用汗水和智慧得到了奥运会的认可。这是他们的3秒，如果你有3秒钟的时间你会做什么呢？

师：这位同学除了用到我们刚刚所说的人物描写、场面描写方法，还用到了比喻使语言更加生动形象，同时加入自己的思考和体悟，字数已经远远超过150字了。看来运用这种插入周边描写的"时间膨胀"法我们可以很轻松地达到写作要求，现在老师又要增加难度了……

该教学片段提供的情境认知策略如下。

（1）利用多媒体手段创设情境，激发学生学习兴趣

写作教学是一个老大难问题，经常是教师花的力气大，教得痛苦；而学生收效小，学得痛苦。究其原因，并非学生写作知识欠缺或者素材积累不够，而是传统写作知识教学呈现的方式缺乏直观性和趣味性，不易于被学生理解和迁移。本课例中，笔者借助电影艺术化处理3秒钟的情境，让学生在轻松愉悦的氛围中直观感受了实际时长与艺术时长的差别，理解了人物描写、场景描写的烘托作用，激发了学生学习写作的兴趣，克服了学生畏难情绪，为接下来的进一步学习打下了良好的情绪基础。

（2）精准选择教学内容，即时反馈

传统的写作教学往往从审题、选材、结构、立意等写作知识方面入手，大而全地教学生如何写作，但几年的作文批改经验告诉笔者，学生并非不知这些知识，而是不知具体知识的应用情境，无法实现知识的迁移。本课例中，笔者仅仅选择一个教学点，即选择描写所在的具体情境，让学生直观感受、理解短时间内所有的人物、场景在同时发展变化着，且不同的人由于身份不同在同一情境中的表现也截然不同。学生有了写作知识的直观感受后马上就可以运用知识，教师对学生的运用情况及时进行反馈，教学取得了良好效果。

2. 发掘教材独特性，以情境建构学生语言

在真实情境中学习不但可以激发学生学习兴趣，更有助于学生积累丰富的语言材料，并应用于语言实践活动。事实证明，运用知识解决问题更有助于学生深度学习。

情境创设二：在学习完《与朱元思书》后，为了让学生更清楚地了解作者吴均的写作意图，笔者给学生创设了以下情境。

假如你是朱元思，你在收到吴均的书信后，心中有何感想？请以"山林的乐趣"为话题，给吴均写一封回信，表明你的态度。

学生写道：

吴兄：

见字如晤。

你的来信，让弟某切身感受到了富春江两岸山的高峻、水的清急、万物的欣荣。这样的山水，让你感叹"鸢飞戾天者，望峰息心；经纶世务者，窥谷忘反"。息心、忘反，吴兄的心意，在下略有所感。

确实，山之奇，水之异，何人不喜欢？

在幽静的山林里，听山脚拍打江水，听山间汩汩溪流，蝉在鸣，鸟在飞，猿在啸，蝶在舞。饿了吃个果子，渴了喝口泉水，暮宿藤蔓之下，朝攀群山之巅，与松鹤为伍，与闲云结伴……这样优哉游哉的日子，弟某怎不向往？富春江虽是我未到之地，但吴兄来信，已足使我看到了渴慕的远方。身在官场，不胜寒冷，不如归去，江海寄余生。待我安顿好一切，即刻前往富春江会兄长。如若明年二月未到，请兄候我于富阳；若未在，请至桐庐，弟定在。

敬上。

弟：朱元思

某年某月某日

师：说说你写这封信的缘由。

生：如果我是朱元思，首先，吴均的来信中提到山水的乐趣，我必须加以回应，物以类聚，人以群分；其次，写信一定有意图，吴均信里提到息心、忘反，似在提醒我不如放弃追求名利、纵情山水，当然，我可以拒绝，也可以听从他的建议，从我内心来说，我不忍朋友失望，所以写了自己认为合理的理由，便选择和朋友相聚于山河。

师：你用现代书信回复吴均并表明了你的态度，你读出了吴均的写作意图，理解到位。

该教学片段提供的情境认知策略如下。

《普通高中语文课程标准（2017年版）》对学生核心素养提出了多方面的要求，其中语言的建构与应用是基础，语文课堂大量的语言材料本身就蕴含着独特的视角，善于发现，深入发掘，创设情境，可以促进学生语言的建构和应用。在本课例中，笔者利用本课特殊的书信形式，让学生深入情境，设想自己就是朱元思，并给吴均写回信。学生学习了文本之后，已经有了一定的素材积累，此时再通过回信的方式将蓄势的语言呈现出来，应用于实践活动，从而实现了语言的建构。

3. 转换名著阅读视角，以情境驱动学生解决真实问题

知识只有用起来才有价值。在真实情境中对知识的应用不仅可以激发学生的学习热情，更可以帮助学生解决实际问题，使学生的认知和思维在实践活动中得到进一步发展。

情境创设三：名著《红星照耀中国》阅读驱动任务。

任务：假如要建设一座红军纪念馆，你想推谁入选？请为他（她）设计一幅人物参选简介（见图1、图2）。

图1　红军纪念馆入选人物之红小鬼［珠海市小林中学八（4）班　张嘉仪］

图2　红军纪念馆入选人物之徐海东［珠海市小林中学八（3）班　曾紫滢］

该教学片段提供的情境认知策略如下。

设置真实情境驱动任务，促使学生在实践活动中运用知识，增长知识，增强解决问题的能力。名著导读及阅读成果如何检测是一线语文教师一直在尝试解决的问题，然而收获不大。本次活动的设计，笔者基于真实情境，让学生自主设计红军纪念馆并推举陈列人物及事迹，在活动中，学生表现出了极大的参与积极性，充分运用储备知识解决问题，取得了良好效果。

四、结语

"只有当知识进入人的认知本体，渗透人的血肉，叩问人的灵魂，产生萌于内心的情怀，这才称之为素养。"让学生在真实情境中发展认知，建构知识，发展思维，形成关键能力和必备品格，才能最终提升学生的核心素养。基于情境认知理论的语文教学设计正是从学生全面发展出发，以情境重构课堂教学生态，增强知识在应用中的意义呈现。当然，本文所涉课例只是笔者在情境认知理论指导下迈出的微小一步，更多的教学实践有待探索，但我们已经嗅到了本理论基于学生的学所散发出的诱人芬芳，其应用空间必将愈加广阔。

图以载文 道法自然

——绘画在初中语文写作教学中的运用

珠海市第五中学 谢 婧

《义务教育语文课程标准（2011年版）》在"教学建议·关于写作"中指出："写作是运用语言文字进行表达和交流的重要方式，是认识世界、认识自我、进行创造性表述的过程。……应贴近学生实际，让学生易于动笔，乐于表达，应引导学生关注现实，热爱生活，表达真情实感。……应注重培养观察、思考、表现、评价的能力。……鼓励自由表达和有创意的表达。"[1]可见，在初中语文写作教学中选择恰当的教学手段是非常有必要的。绘画是世界文化中出现最早的一种传情达意和记录的直观表达方式，在每一种文化中都有着重要地位。笔者画技虽不高，却喜欢在语文教学中运用绘图这一辅助教学手段。在写作教学中自由灵活地运用绘图往往能为学生创作带来意外之喜。

一、绘画激发学生的写作兴趣

兴趣是写作的内在动力。它的驱动力可以促进学生观察、思考、想象和联想等能力的发展，增强情感体验，提高学生写作水平。[2]

笔者现任教的九（3）班，初入中学时有些学生对写作提不起兴趣，每到作文课和写周记的日子就叫苦不迭。但这个班许多学生对绘图情有独钟，不仅在美术课上画得不亦乐乎，就是在其他课上也常有偷偷画插图、画"连载"的"作奸犯科"之辈。那么，写作和绘图能不能结合起来图以载文呢？

笔者第一次尝试图文结合是布置写作"20年后的我"。除了提一些写作上的常规要求外，还鼓励学生根据自己的写作内容设计画面。"真的吗？作

下
篇
论
文
篇

文本上可以画画？""可以涂色吗？"……于是，原来兴致缺缺甚至已经打定主意要写"一夜暴富"的学生，都兴致勃勃地动起手来。

虽然加上了绘图环节，但作文还是在两节课内如时交齐，效率似乎比往常要高。随手拿起一本作文看看，笔者不禁为自己这个突如其来的决定拍手叫好。这恰恰是一个总喜欢在各种课堂上写写画画却对学习提不起精神的孩子的作文。他给自己的作文配上了漫画风格的人物形象，勾画细致。再看看作文内容，20年后的他成了一个插画家：文章里记录了他成为插画家的艰辛和努力，也描绘了他工作的日常和小确幸。虽然在主题表现和详略安排上还有改进的空间，但这是笔者目前见过的他最工整、最认真的一次写作。

用绘图带动写作，学生在写作前开动大脑构思作文，在将构思绘画成图的过程中，通过不断完善图画提醒自己将写作表达得更充实、更生动。这次绘图作文的附加值是，笔者发现学生们为了让自己的文字配合精致的绘图，非常用心地书写，卷面也整洁了不少。

有了这一次成功的体验，笔者和学生都喜欢上了这种写作方式，师生一起在图文并载的道路上不断尝试、及时总结。经过几次这样的训练，学生不再"谈作文色变"，甚至有学生自动自发地从写周记发展到了写日记。

二、绘画清晰学生的写作思路

绘画不仅激发了学生的写作兴趣，也清晰了学生的写作思路。这一届学生很多都学过思维导图，但思维导图常常用于分析作品，却没有学生把这种方法用在写作前。在发现学生的作文存在颠三倒四、详略不清的问题后，笔者想到了思维导图。不过，这次笔者把思维导图画成了一棵树。

这次的作文标题是《一次走夜路的经历》。上课前，笔者在黑板上画了一棵光秃秃的大树，然后告诉大家："我们今天——画树！"学生们看着笔者画的丑丑的"大树"哄堂大笑，很是不屑。有学生拿起粉笔走到黑板前纠正道："老师，画树前先要确定画什么树，然后根据树的特征确定它的高矮和大小，还有树枝的形状。"笔者认同地点头。接下来又不断有学生上讲台来，加上了大小不一的树枝、繁茂的树叶……最后大家都满意了，在学生的合作下，黑板上呈现出了一棵苍翠挺拔的榕树。

笔者也很满意，站在学生的作品前，笔者开始填涂榕树的主干："我们写作就跟画树一样，首先要确定画什么树。这次'走夜路'我们要表达什么主题呢？是战胜自我，还是温暖的友情或亲情，又或者是陌生人的互助？"接着笔者开始填涂枝干："在明确主题之后，为了表现主题，我们要给这次走夜路一些情节，环境引起心理变化，如昏暗的、接触不良的路灯，遮空蔽日的阴郁的树影，幽深的逼仄的巷子，急促的尖厉的犬吠，渐行渐近的脚步声……这些可以成为大榕树的枝干，而这时引发的心理、神态、动作的细节变化就是枝干上繁茂的榕叶。"最后笔者开始填涂树冠："我们常常说卒章显志，什么可以帮助我们的写作水到渠成，达到升华的目的呢？这次写作中可以是路灯照应的手电筒、道路尽头某家的灯，也可以是朋友、亲人的脚步声，或者行夜路的陌生人与狗……"学生纷纷表示，画完大树，写作思路也清晰了。

接下来，笔者又趁热打铁，让学生举一反三。大家用画树的方法尝试了游记、学游泳、我与某某的亲密接触等主题的思维导图的创作。这样，写作大纲出来了，学生写作的时候条理清晰，自然就不再把写作当作苦差事了。

三、绘画促发学生的素材积累

写作有了兴趣，有了好的谋篇布局还只是基础，一篇优秀的作文还需要血肉，需要生活经历和生活观察。怎么才能让学生在写作时胸有文意、信手拈来呢？笔者再次将主意打在了学生喜欢的绘画上。为什么学生常常觉得自己去过许多地方、吃过很多美食、见过不少新奇，但写作的时候又觉得无话可写呢？甚至老师让描写最熟悉的一个人时也无从下手呢？因为没有留心观察。所以即使经常接触，也不一定熟悉，不一定能写好。

素材的积累需要观察，而绘画可以让这种观察更加深刻、细致。所以，开展语文第二课堂活动时，根据教材同步主题、季节变迁和社会时事，对学生的观察和积累做对应的引导，如走向校园，探功能室、寻植物园、测足球场；走进集市街巷，观人生百态、油盐酱醋；攀山入林、闲步田园，看草木枯荣、虫鸟变幻……

渐渐地，积累的材料越多，学生绘的画就越美，也就越来越乐画、乐写了，这是道法自然的过程。

四、绘画提升学生的写作审美

人要有格局，文章亦要有格局。绘画丰富的想象使其具备"智能暗示"。看过于漪老师《茶花赋》课堂实录的"童子面茶花图"环节后，笔者深深为于漪老师的教学智慧所折服。于是在教朱自清先生的《背影》时，笔者学用了这个方法。笔者边带学生反复诵读，边简要描绘了父亲爬月台的背影。这个背影的象征不言而喻。笔者抓紧这个契机，让学生画出当下脑海中出现的一个背影。教室很快静悄悄起来，学生改改画画。须臾，画纸上出现了一个个形态不一、年龄不同、衣着各异的人物形象。紧接着，笔者问："同学们，现在，你们能仿照朱自清先生的笔触写下自己图中的《背影》吗？"学生跃跃欲试。结果，这次写作，学生对审美情趣的拿捏非常成功。

不得不提的是，写作能力是一种综合能力，既包括学生对写作知识的掌握、对写作技巧和书面语言的运用，也包括观察能力、分析能力和想象能力等多个方面，还要遵循学生语言和思维的发展规律。[3]绘画作为写作教学的一种辅助手段，在实际教学中切不可本末倒置。只有不断提高教师的综合能力，灵活运用，绘画才能在课程标准下的初中语文写作教学中道法自然，图以载文。

参考文献

[1]中华人民共和国教育部.义务教育语文课程标准（2011年版）[M].北京：北京师范大学出版社，2002.

[2]范齐芳.浅谈新形势下如何提高语文课堂效率[J].魅力中国，2016（14）：287.

[3]徐霞.画图在初中语文教学中的作用[D].徐州：苏州大学，2010.

抓重点词句　感受语言的张力

——以《安塞腰鼓》为例

珠海中山大学附属中学　王　焕

　　《安塞腰鼓》是部编版教材八年级下册第一单元第3课内容，第一单元的主题是"民俗"，这一课表现的是安塞的风土人情，从中能感受到浓郁的地域文化。单元提示中说："学习本单元，要注意体会作者是如何根据需要综合运用多种表达方式的；还要注意感受作者寄寓的情思，品味作品中赋予表现力的语言。"[1]很显然，根据需要综合运用多种表达方式，感受作者寄寓的情思，品味作品中赋予表现力的语言是学习这个单元的主要方法，也是学习《安塞腰鼓》这一课的方法指导。

　　关于文章的写作背景对于朗读、把握文章主题的重要性，特级教师窦桂梅有一段论述："每一篇课文，都有其写作的背景，这背景，也许是或幽静，或热闹，或凌乱，或柔美的自然环境、社会环境；也许是或失望，或温馨，或冷清的心情、心境。我们在朗读时，关注了这些背景，就能更好地把握作品的感情基调，就能还原作品的原貌。也就是说，明确了背景，你的朗读就靠谱了。"[2]对此笔者深以为然，了解文章的写作背景可以帮助阅读者读懂文章、读懂作者。

　　但是，在语言表现力上尤为出色的《安塞腰鼓》显然更适合从抒情线索句、句式、修辞、关键词语、标点符号等方面，带领学生采用多种形式的朗读来感受文中蕴含的生命力量，感受语言的张力。

　　关于"语言的张力"，李萍评张婕的小说《悬浮》时说，语言的艺术性表现"应该是使语言发挥最大效能，即视觉的、感官的、思想的内容，具有最大的容量。古人示为'言有尽而意无穷'。这种容量用'语言的张力，来表达，最为恰当"。

一、从抒情线索句入手

《安塞腰鼓》中有一个句子"好一个安塞腰鼓"，这个句子在文中重复出现，且独立成段，这句话是文章的抒情线索，表达了作者对安塞腰鼓无限赞美的深情，以此为依据，学生可以很轻松地划分文章的层次。

"好一个安塞腰鼓！""好一个安塞腰鼓！""好一个黄土高原！好一个安塞腰鼓！""好一个痛快了山河、蓬勃了想象力的安塞腰鼓！"这四个句子对应总结四部分内容，分别赞美安塞腰鼓宏伟的场面、雄壮的鼓声、击鼓的后生、奇丽的舞姿。

上课时，教师可以指导学生朗读、品味这个句子，朗读的重点是"好一个"这个句式。关于这个句式，刑福义最早指出这种句式"既有归总作用，又有明显的咏叹意味"，认为"其中'好'是赞叹词"。[3]教师就可以引导学生以咏叹的意味反复读这几个句子，以快速把握文章感情基调，可以启发学生边读边分析每一个"好"都好在哪里，理解了每一部分的内容，再重读"好"，并通过比较句子的差异，注意细微的变化，尤其是第22自然段的"好一个黄土高原！好一个安塞腰鼓"先赞美黄土高原，再礼赞黄土高原上独特的安塞腰鼓，层层递进，要读出重音、停连、层次，声调越来越高，感情抒发越来越激越，让学生更好地体会地域文化的独特性，感受作者对安塞腰鼓情感的升华过程，体会作者对安塞腰鼓的毫无保留的赞美之情。

二、从句式的变化入手

文章句式变化多样，如在腰鼓表现的高潮，使用词语般的短句："交织！旋转！凝重！奔突！辐射！翻飞！升华！"急促有力，描写了安塞腰鼓带给人的极致感受。

这样独特的句式在文中很多，可以变换句式，通过比较阅读，让学生感受语言的表现力，如："骤雨一样，是急促的鼓点；旋风一样，是飞扬的流苏；乱蛙一样，是蹦跳的脚步；火花一样，是闪烁的瞳仁；斗虎一样，是强健的风姿。"可以改成这样的句式："急促的鼓点像骤雨一样，飞扬的流苏像旋风一样，蹦跳的脚步像乱蛙一样，闪烁的瞳仁像火花一样，强健的风姿像斗虎一样。"

学生品读、比较后，就能感受到喻体放在前面给读者造成的冲击，还能感受到短句的急促节奏带来的热烈之感。

又如，第10自然段中"容不得束缚，容不得羁绊，容不得闭塞。是挣脱了、冲破了、撞开了的那么一股劲"，这个句子在意思的理解上有一定难度，首先是短句，读起来节奏快，同时使用排比，气势逼人。结合前文第5自然段对安塞腰鼓壮阔、豪放、火烈场面的描绘，可以启发学生把句子补充完整：是生命的力量容不得束缚，容不得羁绊，容不得闭塞。而如果把这个句子改为："安塞腰鼓仿佛要挣脱、冲破、撞开一切束缚、羁绊、闭塞的力量！"语言的这种张力就大打折扣了。

三、从修辞手法入手

文中用了大量修辞，同样是第5自然段的"骤雨一样，是急促的鼓点；旋风一样，是飞扬的流苏；乱蛙一样，是蹦跳的脚步；火花一样，是闪烁的瞳仁；斗虎一样，是强健的风姿"，比喻让安塞腰鼓的场面具体、生动、可感，像是一幅幅画面在读者眼前铺展；排比写出了打鼓时的声响、阵势、风姿，节奏分明，铿锵有力，充分表现了安塞腰鼓壮阔、豪放、火烈的特点；同时又是铺陈，从不同的角度写安塞腰鼓。这一段非常适合大声朗读，细细品味。教学时，可以这样安排：男生齐读喻体"骤雨一样"，女生齐读"是急促的鼓点"；男生齐读喻体"旋风一样"，女生齐读"是飞扬的流苏"；男生齐读喻体"乱蛙一样"，女生齐读"是蹦跳的脚步"；男生齐读喻体"火花一样"，女生齐读"是闪烁的瞳仁"；男生齐读喻体"斗虎一样"，女生齐读"是强健的风姿"。读完一遍后再加快语速读第二遍、第三遍，三遍朗读下来，学生的热情被充分调动起来，之后再接着后面一句总结："黄土高原上，爆出一场多么壮阔、多么豪放、多么火烈的舞蹈哇——安塞腰鼓！"全班齐读第四遍。读完后，学生们都被带入安塞腰鼓热烈的场面中，教室的气氛一下子热烈起来。

第16自然段"后生们的胳膊、腿、全身，有力地搏击着，极速地搏击着，大起大落地搏击着"，这里同样极力铺陈，从击鼓的部位、力量、速度、幅度等方面描绘，为安塞腰鼓产生的效果蓄势。这里可以让学生把这个句子改写成一个概述性语句——后生们拼命地搏击着，改过之后，再朗读原文中的句子，就能很好地感受后生们击鼓时的全情投入、淋漓尽致。

四、从关键词语入手

文章的用词讲究。例如，第5自然段"一捶起来就发狠了，忘情了，没命了"写后生们击鼓，用的动词不是"击""打""敲"这些词，偏偏用了一个充满力量的"捶"，不再是普通的敲鼓，而是"撞击"，下文写后生们击鼓时的"发狠""忘情""没命"就显得水到渠成。朗读时，教师可以适当启发学生。

再如，第6自然段写空气"燥热"、阳光"飞溅"、世界"亢奋"，无不把腰鼓带给人的感受写得具体可感。

又如，第24自然段的特殊表达，"痛快了山河、蓬勃了想象力的安塞腰鼓"，将形容词"痛快""蓬勃"用为动词，打破了常规的表达，把山河痛快、想象力蓬勃的过程加以动态描绘，其中蕴含的无不是作者对安塞腰鼓奇丽舞姿的极力赞扬、热爱。

五、从标点符号入手

例如，第5自然段的标点符号使用很特别。"但是：看！——"这里的"但是"在意思上表示转折，由上文的沉静转为安塞腰鼓宏伟场面的描绘，"但是"后面的冒号提示后文的内容，"看"后面使用了感叹号"！"独立从句，强烈地传达出作者的热情，紧接着的破折号"——"再次提示后面的舞蹈场面，解释"看"的具体内容。这样的标点符号用法，学生接触不多，需要教师点拨，同时要告知学生划分段落的依据。

在朗读的时候，教师要提示学生在读"但是："时，语气要有转折意味，同时要做停顿，甚至可以是相对长时间的停顿。读"看！"时，声调要高，感情上要热切，与后面舞蹈场面的描绘内容要连起来。

又如，第26自然段"愈捶愈烈！痛苦和快乐，生活和梦幻，摆脱和追求，都在这舞姿和鼓点中，交织！旋转！凝聚！奔突！辐射！翻飞！升华！人，成了茫茫一片；声，成了茫茫一片……"这里的一系列动词，更是将各种矛盾聚集到极致时的突破、新生通过奇丽的舞姿和沸腾的鼓点展现得淋漓尽致。并且，每个动词后面都使用表达强烈语气的感叹号，朗读的时候，更要启发学生读出层次："交织！旋转！凝聚"一组，"奔突！辐射"一组，"翻飞！升华"一组，每组之间略做停顿，越读越激昂，为后文舞者与鼓声交融蓄势。这样的表达是新奇的，是诗化的语言，可以启发学生在习作中适当运用。

笔者一直认同这样的教学观点："教学不能搞倾盆大雨，把头绪繁多的教学内容塞进一堂课，弄得学生眼花缭乱，要切实提高学生的知识水平和接受能力，紧扣教学目标，减头绪，削枝强干，使得课堂眉目清楚，学生看得清楚。"[4]教师不妨把教学目标确定为反复朗读，感受作者对安塞腰鼓的深情赞美，感受生命的力量。好文不厌百回读，好的语言需要不断品读、不断揣摩。教师在教学中从抒情线索句、句式、修辞、关键词语、标点符号等角度着手，启发学生思考，再通过反复朗读，能很好地帮助学生把握文章抒发的感情，感受语言的张力，感受蕴含在安塞腰鼓中的生命的激情。

《安塞腰鼓》作为"'为情而造文'的标本"，为初中的散文朗读教学提供了很好的文本，不一定要照本宣科地讲解作者刘成章的创作经历和《安塞腰鼓》的写作动机。当然，教学结束的时候，如果有学生提出"作者为什么对安塞腰鼓有这么深的情感"这样的问题，教师也可以适当出示写作背景和动机，帮助学生更进一步地理解作者的感情。

参考文献

［1］教育部审定.义务教育教科书·语文（八年级下册）［M］.北京：人民教育出版社，2019.

［2］窦桂梅.跟窦桂梅学朗读［M］.桂林：广西师范大学出版社，2015.

［3］邢福义.汉语语法学［M］.北京：商务印书馆，2016.

［4］于漪.语文：教文育人的沃土［M］.上海：上海教育出版社，2017.

下篇 论文篇

欣赏、学习细腻繁复的描写

——我这样教《雨的四季》

珠海中山大学附属中学　王　焕

《雨的四季》是统编版初中语文教材七年级上册第一单元的一篇自读课文。第一单元的单元提示中有这样的字眼："本单元课文用优美的语言，抒发了亲近自然、热爱生活的情怀"；在学习方法指导上这样表述："要重视朗读课文，想象文中描绘的情景，领略景物之美""注意揣摩和品味语言，体会比喻和拟人等修辞手法的表达效果"。

一、从旁批问题入手，领悟、把握文章出色写法

课文的旁批有四个问题，分别是：作者没有直接描绘春雨，而是写万物经雨洗淋后的情态，这样写有什么好处？凄冷的秋雨为什么能"纯净"人们的灵魂呢？这种"特殊的温暖"是一种怎样的感觉？上文写雨，多用"她"或"它"指称，为何到这一段改称"你"？

首先，关于春雨的特点，第2自然段中没有直接点明，需要从文中领悟、概括，难度较大，笔者通过改变文章内容的布局，引导学生从易到难一一概括、总结。

可是，只要经过一场春雨的洗淋，那种颜色和情态是难以想象的。

每棵树仿佛都睁开特别明亮的眼睛，树枝的手臂也顿时柔软了，而那萌发的叶子简直就像起伏着一层绿茵茵的波浪。

水珠子从花苞里滴下来，比少女的眼泪还娇媚。

半空中似乎总挂着透明的水雾的丝帘，牵动着阳光的彩棱镜。

这时，整个大地是美丽的。

小草似乎像复苏的蚯蚓一样翻动，发出春天才能听到的沙沙声。

呼吸变得畅快，空气里像有无数芳甜的果子，在诱惑着鼻子和嘴唇。

变换了布局之后，不难发现，这里写了春雨洗淋过后树木、水珠子、阳光、小草等的情态和人的感受；在关键词语方面，学生也可以找到这样一些词语：明亮、柔软、娇媚、透明、彩棱镜、复苏、畅快、芳甜，再把这些词语归为三类：明亮、柔软、绿茵茵的波浪、透明、彩棱镜；娇媚、复苏；畅快、芳甜。这里有展示生命活力的，有展示环境清新洁净的，有描绘人的感受的，总之，文章从多个角度出发，从侧面写出了春雨明媚、润泽、滋养万物的特点。

对于第二个问题，秋雨固然是凄冷的，但作者描绘下的秋雨是充满人情味的，她端庄、沉静像妇人，她静谧、深情，创造一个"更净美、开阔的大地"。正是作者眼中的这些特质，让秋雨不再凄冷，反而能"纯净"人的灵魂。而且文中有这样的句子，"也许，在人们劳累了一个春夏，收获已经在大门口的时候，多么需要安静和沉思啊！"秋天是收获的季节，经过春天的生机勃勃、夏天的热情肆意，收获的季节反而更加谦逊、从容，四季仿佛具有了人的性情，四季的雨仿佛也有了人的情感。在雨中，作者感受到了生命的健康节奏，因此凄冷的雨能"纯净"人的灵魂，让躁动的人们在"静谧"中沉思，思考丰收之后的生活。

第三个问题中"特殊的温暖"的重点词是"特殊"，与写秋雨的思路相似，不过作者描绘的是南国的冬雨。冬天里有"冷冽的风的刺激""干涩而苦的气息"，而南国的冬天的风并不那么"咄咄逼人"，并不像北方的风那样气势汹汹、盛气凌人，因而，南国的冬雨是柔和的、湿润的。这里是有鲜明的地域特点和作者独特的情绪体验的，所以说"当雨在头顶上飘落的时候，似乎又降临了一种特殊的温暖，仿佛从那湿润中又漾出花和树叶的气息"，这是冬去春来式的一种展望。即使是雪的形态，也因为特定的南国地域，雪也是"柔软的雪被"，所谓"瑞雪兆丰年"，南国的雪同样是温暖的。

第四个问题涉及的是人称的变化，在文章的结尾处，作者把第三人称换成了第二人称，语气更加亲切自然，对雨的喜爱、赞美之情抒发得更加浓烈。这实际上是对前文多角度、多手法繁复细腻描绘四季雨景后感情的集中爆发，强化雨美丽而使人爱恋的形象。

二、用全局视角，把握文中独特的修辞

文中的比喻或者拟人往往不是单独出现的，对景物的描绘也不是孤立的，而是一个场景或画面。如文章第2自然段写春雨时有这样的句子："每棵树仿佛都睁开特别明亮的眼睛，树枝的手臂也顿时柔软了，而那萌发的叶子简直就像起伏着一层绿茵茵的波浪。"作者把整棵树当作人来写，春雨洗淋过后，冬日的昏黄不再，这树就如出水芙蓉般亭亭玉立，身姿纤柔，浓密的长发随风飘动。于是，接下来用对比手法，说"水珠子从花苞里滴下来，比少女的眼泪还娇媚"也就水到渠成了。

接着有一个理解起来有点难度的句子，学生读着读着就一不小心"滑"过去了，这个句子就是"半空中似乎总挂着透明的水雾的丝帘，牵动着阳光的彩棱镜"。其中，"彩棱镜"一词是关键，参照课文注释"以透明材料制成的多面体，能折射出不同颜色的光"，实际上，文字描绘的是春雨过后，空气变得纯净、通透，阳光透过树叶形成一道道光柱，并呈现出不同颜色的情形。多么有诗情画意的画面，因此作者感慨地说："这时，整个大地是美丽的。"

这部分的描绘是一个整体，不是割裂的，而且画面开始流动起来，昭示着春雨带来的勃勃生机，多妙的笔法呀！

三、切中肯綮，扫除难句障碍

写夏雨的时候，说"经过几场夏天的透雨的浇灌，大地就以自己的丰满而展示它全部的诱惑了"。对于"丰满"一次，有学生窃窃私语，笑意诡谲，其实"丰满"既形容充足，也指人胖得匀称好看，与后一句"一切都毫不掩饰地敞开了"一起展现出了一种坦荡自信，写出了夏雨浇灌后花朵、树叶、杂草等的野性生长，凸显出夏雨的热情。而段末的"交响曲"更突出了夏季的喧嚣，夏雨的热烈、粗犷。

写冬雨化身为雪，在南国飘落时，用了一个这样的拟人句：

忽然到了晚间，水银柱降下来，黎明提前敲着窗户，你睁眼一看，屋顶、树枝、街道，都已经盖上柔软的雪被，地上的光亮比天上还亮。

黎明为何"提前"敲着窗户？换种说法，就是人为何"提前"醒来，可能有两个方面的因素：一是温度降低，二是光线变亮。雪的降临提示人们严

冬依旧，把人们从与"近处池畦里的油菜"一般"经这冬雨一洗，甚至忘了严冬"的错觉中拉了回来，文思严密，然而又不全是严寒，而是有种"夜雪初霁，荞麦弥望"的生动。所以段末总结时说"这雨的精灵，雨的公主"送给了人们"一年中最后的一份礼物"，在作者的眼中，有了雨、雪装扮的南国不再单调，而是充满了神秘与惊喜。

写秋雨的时候，作者用了一个比喻，理解起来难度很大。

当田野染上一层金黄，各种各样的果实摇着铃铛的时候，雨，似乎也像出嫁生了孩子的妇人，显得端庄而又沉静了。

秋雨与"出嫁生了孩子的妇人"的相似点，学生不容易体会，首先要注意妇人的修饰语"出嫁生了孩子的"，"生了孩子的妇人"指的就是母亲，为什么还要加上"出嫁"一词呢？"出嫁"指的是女子结婚，也就是说，这是一位合乎法律和道德要求的母亲，这样的母亲有了孩子、有了责任，当然是端庄而沉静的了。本体和喻体之间的距离感很强，但是理性分析之后，就会发现作者的用语是如此准确。同时，把秋雨与"出嫁生了孩子的妇人"放在一起，很容易让人产生更加丰富的联想，雨仿佛是成熟的，因为"摇着铃铛"的果实是多么"招摇"哇，它们需要干燥的环境把铃声传扬，不再需要热情粗犷的夏雨，于是，秋雨甘居幕后，一如成熟稳重的母亲，适时退出，静待孩子的成长、独立。

总之，刘湛秋《雨的四季》这篇优美的写景散文，通过对四季的雨的细腻繁复的描写，给读者描绘出了一幅幅充满诗情画意的四季雨景图，让我们深深感受到了作者对雨的强烈爱恋。当然，除了以上三个方面，这篇课文中语料丰富，尤其是大量使用的动词、形容词等，都值得读者反复琢磨、推敲、学习。

让美在"空白"处生长

——谈初中语文古诗教学的美育策略

珠海市三灶中学　石媛媛

自新课改以来，我们经常可以在语文教学领域听到这样一些话：要重视语文的人文性，要让语文课堂有语文味，等等。这些喊得越来越多、越来越响的口号背后，是大家对语文本质的思考。目前我国初中阶段的语文课本基本上都是使用文选类教材，以文学作品为基础，展开系统的语文教学。文学的本质是什么，或许历来有不同的说法，但不可否认的是文学是美的，阅读文学作品的过程是一种审美的过程。如果能达成对这一点的共识，那我们的语文教学就要不可避免地回答一个问题：如何在教学中实现语文的美？

一、利用"空白"教学法实现语文美育的理论依据

1. 语文美育

什么是语文美育？"在语文教学中体现美育的精神和原则，给学生带来发现的愉快，创造的快乐，成功的体验，就是让学生在'语文学习'过程中，潜移默化地感受到美。"[1]"'语文学习'的过程也应符合'美育'的精神和原则。那就是让学生的思想和心灵自由，而不是只把学生当作容器。应该充分地创造条件，凸显学生的主体地位，给学生以发现和创造的广阔空间，给学生以知识生成、能力形成和精神情感养成的广阔空间。"[2]"发现的愉快""创造的快乐""成功的体验""让学生的思想和心灵自由"，这才是语文美育的核心。美育并不是教给学生什么是美，美是客观存在的，但是需要主观去感受、去发现。缺乏学生主动参与和创造的课堂，是无法达成美育目标的。

2. 接受美学

德国的沃尔夫冈·伊瑟尔指出，文本中蕴含着"召唤结构"。作家创作出来的文本并不是固定了的，而是召唤读者在阅读的过程中参与再创造的。而这种"召唤"之所以会产生，是因为文本中蕴含着丰富的意义不确定的"空白"。如果从这一文学批评方法的视角来审视语文教材，我们可以发现"在教学中运用'空白'就是指教师不讲死讲实，而是从学生的实际情况出发，有目的、有计划地给学生留下一些暂时性的空白，促使学生产生一种急于'填补''充实'的心理，以此调动学生的想象力，激发学生的求知欲，提高学生主动探索的兴趣，培养学生解决问题的能力"。[3] 所以我们要将课文看作一篇又一篇等待学生来填满的充满"空白"的文本。以这样的理念去开展语文教学，那么教师的工作就是发现课文中的"空白"，然后运用一系列教学技巧，引导学生去发现美，去进行审美。

3. "最近发展区"理论

20世纪30年代，苏联教育学家维果斯基提出了"最近发展区"理论。任何学生都不是白纸一张，在进入一个教学活动之前，他已经有一定的社会经验、生活经验和学科学习经验（或者有其中之一）。我们的教学一方面要基于学生现有的水平，唤醒他已有的一系列经验；另一方面也要重视构建"最近发展区"，要让学生通过教学活动后有所提升。维果斯基认为："教育并不是要让儿童适应环境，而是要形成一种超越这种环境的人格，好像在向前看。"[4] "因此教育变为三个方面的积极进程：①儿童的活动——儿童执行独立行动；②教育者的活动——教育者观察并帮助；③儿童与教育者之间的环境互动。"[5] 这三个进程贯穿语文教学的始终。

二、以《蒹葭》为例探讨创设"空白"实现美育的教学策略

初中阶段教材中的古诗教学部分是最能集中体现以上三种理论的。中国的古诗，从先秦民歌到唐诗宋词，基本上都是美的文学，语言美、意象美、情感美，有的还有画面和音乐的美感。而古诗含蓄委婉的表达方式又给读者留下了数不清的"空白"。作为小学和高中之间的过渡阶段，初中的古诗教学的对象是有一定的学习基础而又还未完全掌握古诗阅读与审美的学生。教师可以基于维果斯基的理论，去构建"最近发展区"，提升学生的语文能力。本文以部编版教材八年级下册的一篇课文《诗经两首》中的《蒹葭》一

下篇 论文篇

诗为例，探讨如何通过挖掘、创设古诗文本中的"空白"来实现古诗教学的美育。

对于文本"空白"的发掘和教学设计，李苗苗在《浅谈阅读教学中寻找空白的策略》一文中提到两点策略是比较有指导性的，也是语文课堂上较好落实的：一是利用语言的模糊性寻找空白，二是利用"戛然而止"寻找空白。

语言的模糊性在《蒹葭》中是很明显的，3个叠词"苍苍、萋萋、采采"；4组变化词（在语句形式相同的情况下不同的那几个词语）"为霜、未晞、未已""一方、之湄、之涘""长、跻、右""央、坻、沚"，分别表达了什么意思？对于学生来说，这就是等待他们去填补的"空白"。如果教师只是停留于字面意思的讲解是不能为学生创设出这种"空白"的，因为词语的意思在教材里面基本上都有注释，而且仅从字面意思来看，这些词语的意思还有相近之处，学生会被绕迷糊，也会失去进一步品读的兴趣。

3个叠词"苍苍、萋萋、采采"都是写芦苇茂盛的样子，但是汪习波在《〈诗·秦风·蒹葭〉"苍苍、萋萋、采采"辨释》一文中指出，这3个词语在描绘的颜色上是不同的，分别写的是蒹葭在黎明时的黑暗夜色中一片青黑的颜色、在晨光熹微中映现出来的鲜明的根叶青白二色和清晨到来，天光大亮时分，蒹葭额外鲜明的色彩。[6]"诗无达诂"，《诗经》的解释历来有很多说法，但是如果能引导学生对这3个词语的意思加以解读和区分，能加深学生对诗歌之美的认识，也就能带给学生更多想象和探索的乐趣。品味和解读古诗中的词语，"就是收获鲜活的语感，而不是只得到干巴巴的词语解释"。[7]

4组变化词的"空白"更为重要。"为霜"是指开始结霜；"未晞"是指太阳慢慢升起后，露水开始蒸发而没有干的样子；"未已"在程度上进一步加深，露水已经蒸发了很多，但还没有完全干。3个词语既写出了晨起时的景物特点，还表现了时间的推移。而不断记录时间的背后隐藏的是诗人那颗焦急惆怅的心。"一方、之湄、之涘""长、跻、右""央、坻、沚"，写出了地点的不断变化，更能表达出诗人追逐的艰辛与执着，也写出了"伊人"的扑朔迷离、美丽动人与朦胧缥缈，别具一番神秘的美感。

古诗中"戛然而止"是非常常见的。点到为止、含而不露，一方面给古诗教学带来很多困难；另一方面也给学生留下了很多自由生发的空间。自由是审美的前提，正是因为没有"标准答案"，所以学生能够通过唤醒自身的情感体验去体悟诗人的情感。在这个过程中，美便在"空白"处生长。在教学《蒹葭》的过程中，笔者曾参考一些优秀的教学设计，设计了两组填空题。

第一组是创设整堂课的框架，三道有指向性的填空题：

这是一首描写了_____（季节）的诗。

这是一首运用了_____（写作技巧）的诗。

这是一首表达了_____（情感）的诗。

第二组是在以下两个横线上填上两个语气词：

所谓伊人，_____，在水之涘。

溯游从之，_____，宛在水中沚。

这两组问题在课堂中收到了比较好的效果。第一组问题贯穿课堂始终，刚上课的时候展示出来，然后分三个部分让学生探讨，使课堂能够有序且有目标地推进。第二组问题在课堂掀起了一个小高潮。语气词是最能让人直接抒发情感的，于是学生们很积极地参与进来，发挥自己的想象力，填补了很多语气词。每次填补，笔者都要求他们大声地朗诵出来，在这个过程中，语言的魅力、诗人的情感，学生自己就找到了。教师可以事先预设一些答案，但是仅作为一个抛砖引玉的引子，可以让学生参考，而不要用来限定他们的思考。

最后可以引导学生对他们的审美体验做一个小的总结。有一个学生这样写道："在一个清凉幽渺的深秋，茂密苍青的芦苇，晶莹透亮的露水，呈现一种凄清、寂寥、朦胧的意境。有一位痴情的人，憧憬焦急，热烈倾心，执着追求那扑朔迷离、朦胧飘忽的秋水伊人。诗人的追寻似乎就要成功了，但终究还是水月镜花。目标的切近反而使失败显得更为让人痛苦、惋惜，最让人难以接受的失败是距离成功仅一步之遥的失败。"审美然后能表达出来，学生的能力就有所提升。

用品味语言的方式让学生开展审美活动，发挥想象力，自主填补"空白"，积累审美体验；用填空的方式创设"空白"，构建课堂的框架，明确学习的目标，调动学生的参与积极性，激发他们的创造力和想象力。这就是从《蒹葭》这节课的教学中初步形成的通过文本"空白"，实现初中古诗教学的美育目标的策略。同时，教师还有很多可以进一步发挥个性和创造力的地方。例如，可以利用音乐等多媒体形式，可以组织美的、诗意的教学语言，可以制作美的、有"空白"的课件，以达到整堂课的统一。一个美的古诗教学的课堂，应该是师生双方都参与的，不仅是学生进行审美，教师也应该有美的体验和收获。

参考文献

［1］［2］［7］杨斌.语文美育略说——我的语文教学观［J］.语文教学通讯，2010（28）.

［3］刘舒鑫.基于"空白"艺术的语文阅读教学：以《犟龟》的教学为例［J］.学科教学，2014（8）.

［4］［5］刘畅，祝高波.维果斯基社会文化历史理论视阈下的儿童文化及其教育启示［J］.陕西学前师范学院学报，2019（7）.

［6］汪习波.《诗·秦风·蒹葭》"苍苍、萋萋、采采"辨释［J］.漳州师范学院学报（哲学社会科学版），2009（3）.

［8］李苗苗.浅谈阅读教学中寻找空白的策略［J］.文学教育，2018（1）.

［9］李刚.中学语文美育的五大问题［J］.语文教学与研究，2005（10）.

参与目标制定，激发学习动机

珠海市金海岸中学　谭　蓉

《教育心理学》（第2版）一书中认为："学习动机是激发个体进行学习活动、维持已引起的学习活动，并使个体的学习活动朝向一定的学习目标的一种内部启动机制。它与学习活动可以相互激发、相互加强。学习动机一旦形成，就会自始至终贯穿于某一学习活动的全过程。因此，学习动机可以加强并促进学习活动，学习活动又可激发、增强甚至巩固学习动机。"

根据上述理论，教师在备课时，要选择正确的教学内容、教学方法、评价方法，不能只靠借助教参、经验，更重要的是要了解学生的需要。而学生的需要不能是凭空预测的，因此从设定教学目标开始就让学生主动参与其中，不仅可以很好地"备学生"，更能激发学生的学习动机、促进学生的学习活动。学生在学习时朝着自己的目标行进，可以让学习动机贯穿学习的全过程，真正做到自主学习，做学习的主人。

一、引发学生积极思维，激发其内在学习动力

在学习的竞跑中，有了明确的目标，才有动力一路前行。所以，需要是产生动力的源泉，要激发学生思维的积极性，教学就应创设积极求知的情境，把教师要教的变成学生自己要学的。许多时候，教师凭借自己的教学经验处理教材，安排自己的课堂教学活动。但教师的经验并不代表学生的经验，让学生从预习开始就有思考的过程，一方面引发学生积极思维；另一方面也提高了学生提取和整理信息的能力。最重要的是，教师不再凭自己的主观思想和教学参考上的内容制定教学目标，而是充分了解了学生的需要后再进行教学设计。学生也不再被动地接受教师的思想，课堂上完成的是自己的

疑难点，达成自己的目标，愿意参与课堂的讨论，通过内在的学习动力主动完成学习。教师的任务是在课堂上帮助他们完成学习目标。为了达成自己的学习目标，学生在课堂上的积极性明显增强。在预习过程中，让学生先提出疑问，再对问题进行归纳，正如陶行知指出的："学贵知疑，大疑则大进，小疑则小进，不疑则不进。"疑难是学生追求真理、实现创造的内驱力。通过此种方式触发学生的积极思维，以激发学生强烈的求知欲与好奇心。学生先要有学习的动机，才能在教师的引导、同学的交流互助、独立的思考等多种学习方式中产生学习的行为，达成学习的需求，引发积极的思维，激发内在学习动力。

二、提高学生自我学习能力

自我学习能力是学生应具备的语文素养的一个重要方面。可现实的情况是，学生只完成教师布置的纸质作业，而预习任务几乎成为一句空话。原因是学生的预习缺乏有效指导，即使按要求预习了的学生，也仅限于提出几个不明白的问题。罗杰斯提出人本主义教学理论，他认为"当学生认为学习内容与达到自己的目的有关时，就会全身心地投入这种学习中去"。采用循序渐进的方式指导学生制定学习目标，要求学生先找出学习难点，具体为一个个问题，如字词的读音、词语的意思、句子的含义等；再指导学生学会将具体的问题归类，如品味文章语言、理解作者情感、概括文章主要内容等；在课堂上根据师生共同整理出的学习目标，由教师组织，进行交流讨论；课后学生逐一检查学习目标是否完成。未解决的问题，学生可以继续提问，教师将有针对性地进行辅导。在参与教学目标制定的过程中，学生的自我学习能力得到了培养，也让零散的思维得以整合，符合思维发展的规律。从开始时的利用网络或参考书帮助自己完成学习目标的制定，到与同学讨论完成学习目标的制定，再到独立思考完成，在这个渐进的过程中，学生的自我学习能力得到了培养，这对于他们今后的语文学习是大有益处的。学生参与教学目标的制定仅仅是一个开始，通过让学生参与教学目标的制定的尝试，从预习到课堂学习直至课堂的总结反思，逐步让学生全程参与到主动学习中来，激发学生的学习动机，让学生不再被动学习，养成学习的自觉性，形成课堂的参与性，达成学习的实效性。教师通过课前对学生所制定的目标的整理，可以掌握各层次学生的学习情况，在制定教学目标时做到有的放矢。学生通过对目标的制定，可以更加明确在课堂中所需完成的任务。

三、增强课堂教学高效性

课堂要高效，教师就要认真备课、精心设计教学环节，要根据教学内容、学生实际情况，设计出能最大限度地激发学生学习兴趣、调动学生学习积极性的作业。课前备课必须充分，特别是"备学生"要落实到位。教学设计必须符合学生的认知水平，如果不符合，就必须修改，因为这是关系到是否能引起大部分学生兴趣的关键所在，而学生的学习兴趣正是提高课堂效率的一个重要因素。过去在备课时，教师往往根据教参或是学生导学案的完成情况来进行教学设计，备教学重点容易，备教学难点却很难；备教学环节容易，备学生却很难。即使在课前用到了学案，也是教师根据自己的理解所设计的学案内容，学生的知识需求仍然是不明晰的。学生参与制定学习目标，可以做到在备课时，充分了解学生的目标需求，再结合教师对教学内容的把握来设计教学，提高课堂的有效性。在实验准备阶段，笔者对人教版语文课本相关教案所涉及的教学目标进行收集整理；在实验过程中，笔者按照单元将学生所制定的目标与所收集到的资料进行比对。其实，学生不仅仅是在课堂的发言中能带给教师惊喜，从为自己制定学习目标开始，学生就已经充分展现出思维的活跃性。在执教《海的女儿》一课时，原本的设计是让学生感悟小人鱼善良美好的形象，但是学生在制定学习目标时，却从不同人物分析的角度制定了学习目标，如从王子角度出发探索文章主题；分析人物神态描写，了解人物内心世界；研究巫婆的形象意义……最后笔者将教学目标整合为"把握故事情节，尝试从不同角度理解作品主题；增改故事情节，进行想象思维训练"。课堂上，学生发言踊跃，尤其是想象思维训练环节，学生为故事续写的结局不亚于童话创作，他们带着最为纯真的想法，将最美的祝福送给了小人鱼，教学过程中始终充满了思考。适当"追问"发掘了学生思维的广度和深度。

"学习需要和学习期待是学习动机的两个基本成分，两者密切相关。学习需要是个体从事学习活动的最根本动力，如果没有这种自身产生的动力，个体的学习活动就不可能发生。所以说，学习需要在学习动机结构中占主导地位。……学习期待则指向学习需要的满足，促使主体去达到学习目标。因此，学习期待也是学习动机结构的必不可少的成分。"（《教育心理学》）通过参与制定教学目标激发学习动机，学生不再被动地完成教师所设定的目标，有学习动机才能主动参与课堂的学习，去粗取精的课堂才具有实效性、高效性。

在初中语文教学中开展多样性教学的策略探究

珠海市金海岸中学　刘 婧

为了满足新课改对于现代教育的多元化需求，在初中语文教学过程中开展多样性教学已经成为当前教学的基本形式，因此教师一定要以新课程标准为基础，根据教学内容和学生个体差异情况来开展相应的多样性教学。在丰富学生学习方式的同时，要将语文知识内容变得更加生动化、形象化，进而提高初中语文教学效率，实现语文教学的实用价值。因此，本文就针对在初中语文教学中开展多样性教学的策略进行分析探究。

一、在初中语文教学中开展多样性教学的意义

1. 提高学生学习兴趣

语言文化的学习是相对枯燥的，尤其是中国语言博大精深，每一个字、词、句都有很多的表达方式和寓意，因此学生在不断深入的学习过程中会因为语文知识的晦涩难懂而逐步降低学习兴趣。若要改善这一教学状况，首先需要教师针对教学内容不断变化教学方式，通过多样化的教学来增加语文知识内容的新鲜感和趣味性，让学生时刻保持学习热情，提高学生学习兴趣。

2. 优化教学内容

随着教学的逐步深入，初中语文教学当中开始大量融入文言文、古文等多元化文字表现形式的学习内容，相比于小学语文，初中语文所讲授的知识内容更加深奥，难以理解。为了帮助学生透彻分析知识内容，掌握知识运用技巧，教师可以运用多样化教学手段如情境教学、多媒体新信息教学、历史故事教学等方式，将教学内容变得简单易懂、生动有趣，让教学内容变得更加容易学习掌握。

下篇 论文篇

3. 创建良好教学氛围

课堂是学生汲取知识内容的主要场所，学生大部分学习活动都是在这一氛围中进行的。长期处于相同的教学氛围当中，学生难免会对此产生倦怠感，出现上课注意力不集中、逃避学习等情况，而多样性教学恰好可以解决这一教学问题。多样性教学丰富的教学方式，可以针对不同的教学内容执行具有针对性的教学方式，让学生时刻处于不同的教学氛围中，通过良好的教学氛围来带动学生的兴趣意识，激发学生的学习状态，以此实现高效的教学过程。

二、进行语文翻转课堂的尝试

语文翻转课堂指的是一种将语文课堂转变成学生能够自主讲课、展示语文学习成果的平台的科学教学手段。在初中语文教学过程中进行翻转课堂的尝试就是要求教师提前布置语文自主学习任务，让学生根据即将学习的语文知识或者感兴趣的语文课题来进行材料收集与备课，在第二天上课时为同学们展示，在活跃课堂氛围的同时培养初中学生的自主学习习惯。

例如，教师在进行《西游记》的名著导读教学前，安排感兴趣的学生收集有关吴承恩创作《西游记》时的小故事，也可以在该书中选择最欣赏的一个章节进行翻译和解读，在第二天上阅读课时上台为其他同学讲解。在这个过程中，教师仅仅起到监督和指挥的作用，保障学生占据主体地位的语文阅读教学课可以顺利展开，促进学生语文素养的全面发展与语文教学课堂的转型升级。

三、进行课内语文活动的尝试

课内语文活动是渗透语文知识、吸引学生参与课堂语文学习的重要手段。在初中语文教学课堂上进行语文活动的尝试，就是要求教师从语文课本内容出发，根据阅读教学、写作教学与文本教学的不同要求，为学生灵活设计不同主题、不同形式的课堂语文活动，在活跃课堂氛围的同时培养学生的语文学习兴趣。教师可以通过举办竞赛类的活动激发学生的课堂竞争意识，也可以借助情景短剧等活动加强学生的文本体验，还可以通过交流大会的形式让学生分享阅读经验、交换写作成果。

例如，教师在进行《寓言四则》的文本教学时，就可以根据四篇寓言的内容，让学生组合成四个故事小组，每组选择一个故事进行演绎，不仅要在理解故事寓意的基础上对选择的寓言进行剧本式的改变，还需要根据不同成员的偏好安排好对应的角色，在课堂上进行故事展示。这种方式在锻炼学生改编能力的同时增加了初中语文课堂的趣味性。

四、以课堂为根，推行语文素养教学

根据新课程标准在培养全面发展的学生方面的要求，初中语文教师必须把培养学生的语文核心素养提上议事日程，通过推行情境教学、语文生活化教学设计等途径构建以语文素养为主要方向的初中语文课堂，让学生在课堂情境中走近作者，增强文本理解能力和语文共情能力，在贴近生活的语文课堂中体验语文知识的实践性。

在初中语文教学实践中，由于部分语文学习内容具有抽象性和难以理解的特点，加上学生对于相关历史环境与创作背景缺乏了解，教师在进行语文授课时容易遇到教学障碍。针对这个问题，在新课程背景下，利用情境教学法拉近学生与文本之间的距离成了展开语文授课活动的首要途径。情境教学法指的是一种通过课堂氛围的营造吸引学生参与到文本欣赏、深入阅读、动情写作的过程中来的科学教学方法，强调教师在浓郁的课堂氛围中为学生提供积极的引导，帮助学生更深层次地了解所学语文知识，实现语文素养的全面发展。

教师可以借助教室配备的多媒体设备为学生展示与文本内容息息相关的视频、图片，让学生在欣赏与交流中实现文本学习的渐入佳境，也可以借助问题导向营造课堂氛围，启发学生的语文思考。例如，教师在进行《社戏》的教学时，就可以考虑到大部分学生对农村社戏并不了解的问题，借助多媒体为学生播放一段有关视频或者展示几组社戏图片，让学生在欢乐的课堂氛围中感受鲁迅在创作本文时的独特心境。

五、结语

综上所述，可以看出当前语文教学已不再满足于知识内容的教授，而是要在教学过程中实现促进学生综合素质全面发展的重要目标，尤其是在初中语文教学的重要时期，更要通过多样化的教学模式来提高教学质量，为未来更深层次的语文教学建立良好的学习基础。

下篇 论文篇

参考文献

［1］黄秋雁.谈初中语文课堂教学方式的多样性［J］.儿童大世界（下半月），2019（8）：156.

［2］张娜.初中语文多样性教学方法探微［J］.软件（教育现代化）（电子版），2014（7）：181.